Jeder hat aus seiner Sicht recht

Mein aufrichtiger Dank gilt
Gisela Nehrbaß
Ohne ihre Beteiligung und Motivation,
wäre dieses Buch nicht entstanden

Nicole Wendschuh
Für die Satz- und Covergestaltung

Bibliografische Information der Deutschen Nationalbibliothek
Die Deutsche Nationalbibliothek verzeichnet diese Publikation in der Deutschen Nationalbibliografie; detaillierte bibliografische Daten sind im Internet über http://dnb.d-nb.de abrufbar

Crameri-Naturkosmetik GmbH Beauty&Wellness
1. Auflage
Druck in Deutschland

ISBN: 978-3-86689-028-2

Ernst Crameri

Jeder hat aus seiner Sicht recht

Du brauchst nicht mehr zu diskutieren und lebst fortan viel friedlicher und harmonischer

Inhaltsverzeichnis

Vorwort

Liebe Leser,

ich bin so happy und hoffe sehr, dass du das auch von dir behaupten kannst. Habe gerade mein nächstes Buchprojekt beendet. Schon geht es weiter aus dem Liegestuhl heraus im Binshof in Speyer. So liebe ich es in der berühmten Produktion zu sein. Von St. Moritz mit dem Zug kommend, dann in Speyer einen Café trinken, jetzt Seele baumeln lassen und dabei Buch schreiben.

So macht das Leben unendlich viel Freude und ich hoffe, dass es dir genauso ergeht. Du die Erfüllung in deinem Beruf hast. Das ist wichtig, denn dies verändert buchstäblich alles und du gewinnst dadurch eine total andere Lebensqualität.

Ich hoffe, dass es für dich in Ordnung ist, dass ich dich mit du anspreche. Damit erreiche ich auch deine Seele viel schneller und das ist ja Sinn der Sache, dass sich in deinem Leben etwas durch den Inhalt des Buches verändert.

Wieso schreibt man als Autor Bücher, aus einem einfachen Grund, weil man sieht, wie sehr sich viele Menschen da draußen quälen und das aber nicht sein muss. Das Leben funktioniert nach simplen Prinzipien und je schneller wir das verstehen, begreifen und für uns umsetzen, desto angenehmer und schöner ist es.

Das Thema dieses Buches ist mir ein großes Herzensanliegen, denn wie schwer sich doch viele auf ihrem Lebensweg tun. Wie sie immer krampfhaft versuchen, dem anderen seine Meinung überzustülpen. Das kann nicht gut ausgehen, denn das was wir nicht wollen, dass man es uns tut, das sollten wir auch nicht anderen Menschen antun.

Da gibt es Verrückte, die mit aller Gewalt versuchen, die eigene Sicht der Dinge, den anderen drüber zu stülpen. Was ist denn das für eine verrückte Nummer und ich bin mir ganz sicher, auch du wirst dich das eine oder andere Mal wiedererkennen.

Lass doch die anderen Menschen in ihrer Welt und das hat für dich auch den Vorteil, dass du ruhiger und friedlicher leben kannst. Oft geht es ja in solchen Fällen nur um Bagatellen. Komischerweise ist man bei großen Geschichten sich viel schneller einig.

Wieso dann wegen Nichtigkeiten des Lebens die Köpfe einschlagen? Oder was manche sogar machen, Kriege führen. Wie verrückt ist da der Mensch nur unterwegs und das, um ein wenig Recht zu haben. Ich brauche das zum guten Glück schon lange nicht mehr.

Früher war das aber nicht so, da musste ich einfach recht bekommen und es ging buchstäblich mit Hauen und Stechen zur Sache. Das war alles andere als gut und ich habe mich mit etlichen Menschen deswegen gefetzt. Was hat es letztlich gebracht? Doch gar nichts, es hat immer nur ein Trümmerfeld hinterlassen.

So wünsche ich dir ganz viele Erkenntnisse auf deinem Lebensweg, die innere Ruhe und auch Gelassenheit, über den Dingen zu stehen, und dabei stets in der Souveränität zu bleiben. Nur daraus kannst du letztlich dein Leben in voller Lebensqualität leben und glücklich sein.

Glück streben so viele Menschen an, das kann aber nur dann entstehen, wenn du in dir selbst ruhst und jeden Menschen so lässt, wie er ist. Denn er hat das ja so gewählt und das ist nochmals sein gutes Recht. Du bist nicht hier auf Erden, um zu missionieren und andere bekehren zu wollen.

Das Leben ist in jeder Hinsicht Fülle, aber nur für die, die es verstehen und nach den Prinzipien des Erfolges hundertprozentig leben.

Du wirst sicherlich das eine oder andere Mal gegen Widerstand in dir stoßen, wenn du meine Worte liest. Es wird sich aber legen und du wirst bei näherer Betrachtung zustimmen, dich darüber freuen.

So wie ich mich jetzt darüber freue, dass du das Buch in der Hand hältst und es dich angesprochen hat. Dann lass uns jetzt gemeinsam auf Reisen gehen und viel Spaß zusammen haben. Vielleicht kommst du auf eines meiner Seminare, um dieses Thema noch stärker zu vertiefen.

In diesem Sinne wünsche ich dir von ganzem Herzen eine wundervolle Zeit.

Herzlichst

dein Ernst Crameri

Ein großes Dankeschön

Es gibt sehr viele Menschen, denen ich auf diesem Weg danke sage. Sie alle haben irgendwo dazu beigetragen, dass dieses Buch entstehen konnte, da diese Personen mir gezeigt haben, wie ich niemals sein wollte.

Mein allergrößter Dank geht natürlich an meine Eltern, ohne ihren Einsatz, wäre ich nicht auf der Welt. Ich war in der Tat ein Kind, welches fast immer genau das Gegenteil machte, von dem was ich hätte tun sollen. Ich sagte danach öfters, dass ich mir niemals solch ein Kind wünsche, wie ich eines war. Meine Eltern oft am Rande der nackten Verzweiflung, versuchten sie mit mir über die Runden zu kommen.

Genauso auch die Lehrer, die versucht hatten, aus mir einen rechtschaffenden Menschen zu formen. Oftmals mit Strafmaßnahmen, weil sie der Meinung waren, es damit in den Griff zu bekommen. Was natürlich bei einem Kind mit solch starken Willen und Kraft ein Akt des Absurden war. Nun denn, wir haben es alle gemeinsam geschafft und auch wenn mir seitens der Lehrerschaft so oft versichert wurde, dass aus mir sowieso nie etwas werden würde.

Ich war schon immer anderer Meinung und darf all diesen Damen und Herrn sehr dankbar sein, dass sie mich immer wieder herausgefordert haben. Daran durfte ich wachsen, auch meinen Eltern und dafür bin ich unendlich dankbar. Sie zeigten mir alle auf, wie ich nicht werden wollte. Ich hatte ganz komplett andere Vorstellungen von meinem Leben und es war mir klar, dass ich das auch alles schaffe. Es war nur eine Frage der Zeit und manches hat nach meinem Geschmack dann doch sehr lange gedauert.

Danke auch an meine liebe Mama, die es bis zum heutigen Tage irgendwo mit ihren Versuchen nicht lassen kann, mich noch in die eine oder andere Richtung zu erziehen. Obwohl ich ihr immer wieder versichere, dass die Zeit der Erziehungsmaßnahmen schon längstens abgeschlossen ist. Es zu spät ist, noch etwas zu bewirken. Aber was für ein Durchhaltevermögen sie immer noch an den Tag legt.

Dann ein ganz großes Dankeschön an Gisela Nehrbaß, die mir schon seit 31 Jahren die Treue hält. Ein Traum, solch einen wundervollen Menschen mit ihrem Ehemann Otto bei mir haben zu dürfen. Ohne Gisela würde es die Firma mit Sicherheit nicht mehr geben. Denn sie war diejenige, die immer alles zusammengehalten hat. Der nie etwas in all den vielen Jahren zu viel war. Sie hat auch immer an mich geglaubt und dazu ermuntert, manches, was sich unmöglich darstellte, einfach zu tun.

Danke auch an meine Lebenspartnerinnen, die mich begleitet haben. Für die schönen Stunden und teilweise auch für die andere Seite der Medaille. Ganz besonderen Dank an meine Exfrau, mit ihren unzähligen Lektionen über das, was man tut und was nicht. Es hat mich jedes Mal nur noch mehr bestätigt, eben nicht auf sie zu hören, auf das was man tut. Auf die ganzen Normen und Rollen, mit denen hatte ich nichts am Hut. Ich war und bin ein viel zu freiheitsliebender Mensch, um mich irgendwo unter zu ordnen. Wozu denn auch, nur was in Freiheit wachsen kann, kann auch groß und stark werden.

Danke an die vielen Freunde, die oft meinten, dass ich auf dem falschen Weg sei und mich ausgelacht haben. Auch diese haben mich nur noch viel stärker gemacht.

Danke an die vielen Kunden, die mir teilweise schon seit Jahrzehnten die Treue halten. Das ist ein wundervolles und großartiges Gefühl dies spüren und erleben zu dürfen. Danke auch an die Kunden, die immer mal wieder meinten „Schuster bleib bei deinen Leisten!“ Dies hatte mich bestärkt jetzt erst recht, denn wenn ich auf alle gehört hätte, wäre ich noch lange nicht da, wo ich jetzt bin, falls ich überhaupt soweit in meinem Leben gekommen wäre.

Danke an die vielen Ärzte, die versuchten mir irgendetwas zu verkaufen, weil es angeblich medizinisch notwendig war und in mir dadurch Opposition ausgelöst haben. Es dann doch nicht zu tun und es sich als richtig herausgestellt hat.

Danke an die Politik, die mich wachsen lässt und mündiger macht, das Leben, mein Leben unbedingt in meine eigenen Hände zu nehmen und mich nicht auf Vater Staat zu verlassen. Denn die Angst verlassen zu sein, ist bei mir viel zu groß. Genauso wie mit der Rente, wenn ich nur daran denke, macht es mir echt Angst und dies sollte es bei dir auch auslösen.

Wie du siehst, man kann sehr wohl am Umfeld wachsen und das finde ich einfach großartig. Vielen Dank auch an all die unzähligen Trainer, von denen ich bis zum heutigen Tage lernen darf. Viele große Vorbilder, vor allem aus den Vereinigten Staaten, die ich kennenlernen durfte.

Danke an alle Menschen, die mich inspirieren und mir den Mut geben, immer weiter und weiter zu machen.

Mache bitte mit

Darum möchte ich dich bitten, denn du hältst hier kein normales Buch in der Hand, wo man ein wenig darin liest und alles ist gut. Denn genau dann ist gar nichts gut und so wie man gelesen hat, genauso schnell hat man alles wieder vergessen. Das darf auf keinen Fall passieren. Was du liest, soll sich tief einprägen, sodass du daraus die Kraft hast, in deine Veränderung zu gehen. Das ist wichtig, denn sonst hätte ich meine Hausaufgaben nicht richtig und super gut gemacht. Die Mühe das Buch zu schreiben hätte sich nicht gelohnt.

Du darfst immer wieder Fragen beantworten

Es ist wichtig, dass du voll und ganz in das Geschehen involviert bist. Nur ein wenig Passivität am Rande bringt nichts. Um tiefgreifende Veränderungen auszulösen ist es dringlich, dass du mitmachst. Auch wenn du vielleicht das eine oder andere Mal keine große Lust in dir verspürst. Es geht hier nicht um Lust oder Unlust, sondern klar um die Umsetzung, um damit neue und wundervolle Ergebnisse zu erzielen. Dies ist das Ziel, für welches wir uns doch gemeinsam einsetzen. Ich in der Form, dass ich das Buch schreibe und du, dass du es liest und alle Fragen beantwortest.

Über Fragen kommt man sich wesentlich näher

Das wissen leider nur die wenigsten Menschen, wie Fragen zum wahren Kern seiner selbst hinführen. Es gibt kein zu viel an Fraugen, sondern höchstens ein zu wenig. Darum beklage dich bitte nicht, wenn in diesem Buch immer wieder Fragen auftauchen. Sie sind fester Bestandteil und ich kann es dir nur ans Herz legen, beantworte diese immer sofort. Denn es aufzuschieben, um dann später in Ruhe zu beantworten, hat noch nie funktioniert. Denn später haben andere Aufgaben Priorität, die uns in Beschlag nehmen. Deswegen gibt es nur den einen richtigen Moment, sofort.

Ich möchte mich bei dir für dein Verständnis bedanken, und dass du so schön mitmachst. Auch wenn du es jetzt womöglich ein wenig anders siehst. Gib dir die Chance, es wird einiges verändern und genau hiervor haben die meisten Leute Angst, dass es nicht mehr so ist wie früher. Ist es denn jetzt, wie es ist, oder früher so viel besser gewesen, ich glaube nicht.

Arbeite bitte mit Kugelschreiber, Bleistift und Textmarker

Das sind zurzeit die aktuellsten und wichtigsten Instrumente, die wir brauchen. Damit können wir überall im Buch ein paar Notizen festhalten und kluge Aussagen unverzüglich mit Textmarker super hervorheben. Habe keine Angst, direkt ins Buch zu schreiben. Dafür ist es da und nicht was so manch ein Seminarteilnehmer macht, auf ein extra Blatt Papier zu schreiben. Blätter oder auch Hefte sind nicht so wertvoll wie ein Buch. Was gibt es Schöneres, als direkt ins Buch zu schreiben. Auch wenn es für dich womöglich am Anfang komisch sein mag. Du gewöhnst dich daran und möchtest es dann nicht mehr missen.

Lese immer nur eine halbe Seite, dann halte inne

Wir nennen es das geistige Reflektieren, du liest ein paar Zeilen und denkst darüber nach, was du daraus lernst. Das schreibst du als Kernsatz oben auf die Seite, in das weiße Feld des Buches, respektive der Seite. Danach liest du die untere Hälfte und machst da genau das Gleiche. Innehalten und das Wichtigste sofort festhalten, gleich neben der Buchnummerierung. Du wirst es sicherlich die ersten paar Male vergessen, oder dich erst später daran erinnern. Dann halte inne und setze es um. Bitte nicht warten oder in die berühmte Falle laufen von wegen, das mache ich heute Abend, morgen in einer Woche oder irgendwann.

Die Quintessenz am Ende des Kapitels

Wenn ein Kapitel zu Ende ist, fasse bitte von jeder Seite am Schluss deine fünf wichtigsten Merksätze zusammen. Liste diese auf und komme hier bitte relativ zügig zu einer Entscheidung. Also nicht lange überlegen, sondern vorwärts machen. Keine Angst davor haben, dass etwas falsch sein könnte. Es gibt kein falsch und richtig, es ist so, wie es ist und damit ist es doch gut. Also sehe es bitte ganz locker und habe viel Spaß und Freude daran. Das sind die wichtigsten Merkmale.

Schreibe diese Merksätze dann auf kleine Karteikärtchen

Diese trägst du immer bei dir und lese sie nach Möglichkeit bei jeder Gelegenheit laut vor. Das ist wichtig, dass sie in dein Unterbewusstsein eingepflanzt werden. Es hört sich jetzt womöglich für dich ein wenig komisch an, ist aber ein dringlicher Akt. Denn wir alle leiden stark unter der berühmten Vergesslichkeitsquote und diese ist nie zu unterschätzen. Man hat herausgefunden, dass der Mensch innerhalb von 14 Tagen 90% des Gelesenen vergessen hat. Das ist nicht lustig und um dem entgegen zu wirken, haben wir unsere Karteikärtchen. Da gilt der wichtige Ausspruch

„Permanente Wiederholung schafft Wirklichkeit!"

Das ist genau das, was wir wollen, was wir brauchen, uns weiterbringt und zu unserem Ziel führt. Nutze diese simplen und dennoch sehr wirkungsvollen Methoden. Immer dann, wenn du von einer Tätigkeit in die nächste hineingehst, zücke schnell deine Karteikärtchen und lese laut vor. Halte kurz inne und denke darüber nach. Wenn du das 50 bis 100 Mal am Tag machst, verändert sich gewaltig viel in deinem Leben und du gewinnst eine völlig andere, bessere Lebensqualität, und um die geht es schlussendlich. Dass du dein Leben endlich lebst, von welchem du schon immer geträumt hast.

Beschrifte Plakate und hänge diese auf

Der nächste Schritt, beschrifte jede Menge Plakate und hänge diese überall auf. In deiner Wohnung, wenn es geht, auch im Büro und kleinere in deinem Auto. Sodass du sie immer wieder vor Augen hast. Auch hier kurz innehalten und laut vorlesen. Denke bitte daran, es gibt kein zu viel, sondern immer nur ein zu wenig. Also habe keine Angst davor, dass du dich überfordern könntest, denn das tust du mit Sicherheit bei diesem Manöver nicht. Sollte es dir komisch vorkommen, deinen Mitmenschen gegenüber, überwinde es bitte. Lieber jetzt ein wenig komisch, als ein Leben lang komisch unterwegs zu sein.

Bespreche deine Botschaften auf Tonträger

In der heutigen Zeit, wo ja fast jeder ein Smartphone oder Ähnliches besitzt, ist das doch wahrlich kein Problem mehr. Nutze die Chance, um es sich immer wieder anzuhören. Du kannst es noch ein wenig aufpeppen, indem du im Hintergrund deine Lieblingsmusik laufen lässt, das ist die absolute Krönung. Lass es wenn machbar, immer ablaufen. Am Anfang wirst du noch genau hinhören. Im Laufe der Zeit spult es sich wie von selbst ab. Es wird so automatisiert werden, dass du bereits im Vorfeld genau weißt, was kommt. Da kommt Spaß und Freude auf.

Am Ende des Buches schreibst du die Zusammenfassung

Wenn du Kapitel für Kapitel so verfahren bist, hast du jede Menge Quintessenzen, die da zum Tragen kommen. Am Ende des Buches schreibst du dann die berühmte Zusammenfassung. Aus allen Kapiteln suchst du die für dich fünf wichtigsten Merksätze aus und schreibst diese bitte auf. Wiederum nicht lange überlegen, sondern nur tun. Das ist so klasse, du hast dann den gesamten Buchinhalt in fünf Sätzen und kannst es nach Jahren zücken und in wenigen Minuten hast du alles erfasst. Möchtest du gerne etwas mehr lesen, dann kannst du in die einzelnen Kapitel reingehen und die Quintessenz lesen.

Es ist wie immer im Leben simpel, für den der es weiß

Das ist natürlich ganz wichtig, du musst wissen, wie es geht. Damit du es weißt, wie es geht, ist es dringlich, dass du dich permanent weiterbildest. Im Wort Weiterbildung ist das Bild enthalten, das heißt nichts anderes, als dass du neue Bilder vor Augen hast und damit eine neue Richtung in deinem Leben. Das Leben ist für denjenigen so spannend, der es richtig liebt und lebt. Um dahin zu kommen, gilt es unbedingt zu beachten, dass wir uns jeden Tag entsprechend leben und lieben.

Wieso hast du dieses Buch gekauft

Bei allem was wir tun, sollten wir vorher stets überlegen, was unsere Motivation dazu ist und war. Denn ohne Motiv, ohne es genau zu analysieren, wird es sehr schwierig klar zu blicken und dann daraus eine Meisterleistung abzuleiten. Je mehr wir Bescheid wissen, desto besser geht es uns. Alles hat immer einen tieferen Sinn, den müssen wir nur verstehen lernen. Leider hat man uns das in sich reinhören, ein wenig abtrainiert und dies ist doch verrückt. Denn so entfernen wir uns zügig von der eigenen Mitte.

Wieso tust du das, was du tust

In dem Moment, wo du immer auf alles eine Antwort hast, liegst du goldrichtig, das macht dann auch unendlich Spaß und bringt Lebensfreude. Viele Menschen leben in den Tag hinein und wundern sich, dass das Leben oft so ist, wie sie es eigentlich gar nicht haben möchten. Dann wird geschimpft und alles infrage gestellt, anstatt bei sich anzufangen und das eigene Leben zu durchleuchten. Frage dich deshalb jeden Tag, ob das, was du da tust, wirklich richtig ist und einen Sinn ergibt. Du wirst öfters mal erstaunt sein, denn vieles möchtest du ja gar nicht und dann solltest du dich auch daran halten.

Frage ist niemals was die anderen meinen, was gut ist für dich

Frage ist nur, was du denkst und meinst. Die anderen spielen hier echt keine Rolle, denn du weißt es doch selbst am besten, was dir bekommt und was nicht. Es ist so einfach, für denjenigen, der sich mit dem Thema eigenes Leben befasst. Dazu dienen auch all die vielen Schulungen und Seminare, welche wir abhalten. Sich näher, bis hin zum ganz kennenlernen, ist so etwas Wundervolles und Erstklassiges. Es gibt einem enorm viel Kraft und diese brauchen wir, um eine riesige Meisterleistung an den Tag zu legen.

Rumplempern ist nicht mehr angesagt

Führe dir das immer vor Augen, denn deine Lebenszeit läuft und läuft. Alles, was vorbei ist, kommt nie wieder und das war es dann. Möchtest du das, ist es das, was du dir vorgestellt hast? Ist es dein Leben, macht es dich glücklich, so wie es bisher verlaufen ist? Wenn ich da an mein Leben denke, oh je, oh je, da gab es manches, was alles andere als sehr gut und clever war. Ich bin aber erst dann dahinter gekommen, als ich angefangen habe mich intensiv mit meinem Leben auseinanderzusetzen. Natürlich war es nicht immer angenehm, was ich dabei entdeckt habe. Manches war sogar erschreckend, aber lieber jetzt ein kleiner Schreck als ein Leben lang unter Schreck zu leben.

Halte jetzt fest, was dich inspiriert hat, das Buch zu lesen

Halte es sofort fest und bei dieser Übung möchte ich dir sehr ans Herz legen, nicht lange überlegen, sondern aufschreiben. Denn wenn wir anfangen nachzudenken, wird es kompliziert. Da blicken wir irgendwann gar nicht mehr durch. Vor lauter Bäume sehen wir dann den berühmten Wald nicht mehr. Deswegen ist der erste Gedanke immer der Beste und Richtige. Also los geht es und viel Spaß beim Aufschreiben.

1.) ______________________________

2.) ______________________________

3.) ______________________________

4.) ______________________________

5.) ______________________________

6.) ______________________________

7.) ____

8.) ____

9.) ____

10.) ____

Wie fühlt es sich für dich jetzt an? Du wirst in dem Buch eines feststellen dürfen, ich werde dich immer und immer wieder nach deinem Empfinden fragen. Das ist so wichtig, dass wir anfangen auf unsere Wahrnehmungen zu achten. Das haben wir im Laufe der Zeit doch tatsächlich irgendwo verlernt und dies ist definitiv nicht gut. Denn wir selbst wissen immer noch am besten, was uns tatsächlich guttut und was uns schadet. Vielleicht kommt es dir am Anfang ein wenig komisch vor, im Laufe der Zeit gewöhnst du dich jedoch daran und wirst hellhörig werden.

Oder hast du die Aufgabe noch gar nicht gemacht? Wenn nein, dann ähnelst du mir. Auch ich tendiere immer wieder mal dazu, es auf später verschieben zu wollen. Das hatte mich dann auch dazu bewogen das Buch zu schreiben „Hast du auch diese schlimme Krankheit Verschieberitis!“ Also bitte tue es, denn du kennst dich doch aus und weißt eines, wenn du es jetzt nicht machst, die Wahrscheinlichkeit, dass du es gar nicht machst, ist relativ groß. Dann kommt noch hinzu, dass das Buch aufeinander aufgebaut ist. Wenn du eine Aufgabe nicht löst, kannst du die nächste nicht mehr richtig beantworten und so weiter. Mache es zügig und dann hast du es. Genauso, wie auch auf jeder Seite deinen Merksatz hinzuschreiben.

Ein wichtiger Punkt ist die Verdichtung

Du hast jetzt zehn Punkte davon gehe ich zumindest aus, da zeigt sich ob du ein Minimalist oder Maximalist bist. Das ist eine hoch interessante Geschichte, mehr darüber in einem späteren Kapitel. Da wir unmöglich alle zehn Punkte auf einmal angehen können, reduzieren wir es auf die drei für dich im Moment wichtigsten. Bitte denke daran, dass das Leben eine höchst flexible Angelegenheit ist und damit immer auch in Veränderung. Was jetzt gut scheint, kann in wenigen Minuten bereits überholt sein und sich komplett anders darstellen. Also nichts ist für die Ewigkeit und darum gibt es beim Aufschreiben auch kein falsch oder richtig, es ist nur die Momentaufnahme deines Lebens.

Reduziere es nun bitte auf deine drei wichtigsten Gründe

1.) ____

2.) ____

3.) ____

Schon wieder bist du ein Stück weiter, wie ist es für dich? Wie fühlt sich das an und wie gehst du in Zukunft damit um? Immer wenn wir Erkenntnisse gewonnen haben, stellen wir uns die Frage, was wir daraus machen? Denn wenn wir nichts ändern, nützen die Erkenntnisse weniger als nichts. Wir wollen ja Ergebnisse und wachsen, Stillstand ist uns ein großer Gräuel und führt immer in die Zerstörnis. Dort wollen wir bestimmt nicht mehr hin, denn das Leben ist in jeder Hinsicht Fülle und Freude. Wir sind ein Teil davon, wenn wir uns davor nicht verschließen.

Reduziere es jetzt bitte auf deinen wichtigsten Grund

1.) ____

Du hast es gleich geschafft und kannst sehr stolz auf dich sein. Du gehörst zu den ganz Großen. Vielleicht kommt dir das jetzt etwas komisch vor und du hältst es für Geschwätz. Das ist es aber nicht, denn du bist wirklich klasse und gehörst echt zu den rühmlichen Ausnahmen. Weil du das Buch gekauft hast und intensiv damit arbeitest. Damit hebst du dich von der großen Masse ab, die das niemals tun wird. Die meisten klagen und jammern viel lieber, sich dabei im Kreise drehen und in der Hoffnung leben, dass für sie ohne großes Zutun auch ein dicker Krümel des Erfolges abfallen wird.

Dein Fazit: ____

Wieso wollen Menschen immer recht haben

Das ist eine Krankheit, meinst du nicht auch? Oh Mann, immer wollen die Leute recht haben und sind sogar bereit, dafür alles aufs Spiel zu setzen. Kriege werden deswegen angezettelt, nur um im recht sein zu können und den Mitmenschen die eigene Weltansicht über zu stülpen. Religionen haben es uns vorgemacht, wie viele Menschen wurden gefoltert und auch umgebracht, weil sie anderer Meinung sind oder waren. Bis zum jüngsten Tage haben wir das Schreckliche, Hauen und Stechen.

Wie sieht es bei dir aus

Gehörst du auch zu den Typen, die recht haben wollen? Also ich war es jahrelang und konnte es fast nicht ertragen, wenn jemand anderer Meinung war. Das hat sich zum guten Glück, dank meiner Fort- und Weiterentwicklung gelegt. Denn das war alles andere als gut. Es war im höchsten Maße kontraproduktiv und das konnte man so nicht stehen lassen. Das war viel zu gefährlich, denn mit solch einer Art habe ich so manchem vor den Kopf gestoßen. Wie bist du unterwegs? Ich sage immer, wenn jemand keine sinnvolle Lebensaufgabe hat, tut er das. Hat jemand jedoch seine Erfüllung im Beruf und im Privaten, ist er auch imstande jeden so zu lassen, wie er ist. Daraus entstehen ein unendlicher Frieden und ein Glücksgefühl.

Kehre vor deiner eigenen Türe

Ich finde dies eine klasse Aussage, denn um das geht es doch letztlich. Wir kehren aber in der Regel immer lieber vor der Türe von anderen Menschen. Erstens wird man dadurch zum äußerst unliebsamen Zeitgenossen, zweitens kostet es unnötig Kraft und endet oft noch im Streit. Für was all das, nur um ein wenig recht zu haben? Das kann es wahrlich nicht sein, ist bescheuert. Dies muss man aber zuerst lernen und in die Thematik hineinwachsen. Darum finde ich es echt klasse, dass du das Buch in den Händen hältst und bereit bist, dich mit der Materie auseinanderzusetzen.

Ohne recht zu haben, lebst du viel ruhiger

Es hört sich simpel an und ist es auch. Das Einzige, was wir daraus machen, ist immer alles zu verkomplizieren. Aber was haben wir davon? Doch nichts, wir erschweren uns das eigene Leben und auch das der Mitmenschen, die uns deswegen nicht gerade mehr lieben werden. Also passe sehr gut auf dich auf, dass du es nicht mehr tust. Auch wenn es dir womöglich ein wenig schwerfallen wird. Das ist ganz normal, denn du lässt alte Gewohnheiten los. Und im Wort Gewohnheit ist klar das Wohnen enthalten. Wir wohnen da in der Regel recht gerne und müssen jetzt diesen Platz verlassen. Das ist schon komisch und manchmal sogar schmerzhaft. Obwohl wir vom Verstand her wissen, dass es uns besser geht, wenn wir es ändern.

Schreibe jetzt bitte auf, wo du immer recht haben willst

Nicht nur theoretisch wollen wir die Sachlage anschauen, sondern auch in der Praxis. Das ist doch klar, nur wenn wir es schwarz auf weiß haben, können wir in die Änderung gehen. Das ist das, was wir brauchen, Änderung für ein besseres und schöneres Leben. Aus diesem Grund schreibe nun nachfolgend alles auf, was dir dazu einfällt, wieso du gerne recht haben möchtest. Woher das rührt und wie lange das schon so ist bei dir. Bitte gleich ins Handeln kommen. Nimm auch hier deinen ersten Gedanken.

Ich will recht haben?	Woher rührt das?	Seit wann?
1.) ____________________	____________________	________________

2.) ____________________ ____________________ ____________________

3.) ____________________ ____________________ ____________________

4.) ____________________ ____________________ ____________________

5.) ____________________ ____________________ ____________________

6.) ____________________ ____________________ ____________________

7.) ____________________ ____________________ ____________________

8.) ____________________ ____________________ ____________________

9.) ____________________ ____________________ ____________________

10. ____________________ ____________________ ____________________

Wie ist es jetzt für dich, wie fühlt es sich an? Geht es dir gut damit oder eher nicht. Selbsterkenntnis ist immer eine der spannendsten Erkenntnisse, die man überhaupt nur haben kann. Mich fasziniert es immer wieder, was da alles passiert, wenn man in das Thema richtig einsteigt. Im Übrigen ist es auch eine der wichtigsten Erkenntnisse, die man überhaupt nur haben kann. Sich selbst zu erkennen, bedeutet ganz klar die Kennung für das eigene Leben zu gewinnen. Manchmal ist es leicht und dann auch richtig schwer und heftig. Je schneller man das jedoch macht, desto früher kann man auch dagegen steuern und eventuelle Korrekturänderungen vornehmen.

Wieso sollte man so weiter machen wie bisher, wenn es nicht guttut und hier falsche Programme sich immer stärker manifestieren. Das sollte man auf gar keinen Fall machen und genau deshalb gehen wir in diesem Buch auch wieder auf dich persönlich ein.

Damit du immer besser mit dir zurechtkommst und letztlich auch deinen Seelenfrieden findest. Das wünsche ich dir von Herzen, dass du bei dir selbst ankommst. Reduziere es jetzt bitte auf deine drei stärksten Punkte, die dich am meisten herausfordern.

Ich will recht haben?	**Woher rührt das?**	**Seit wann?**
1.) ________________	________________	______________
2.) ________________	________________	______________
3.) ________________	________________	______________

Wie ist es nun für dich, ich weiß die ewige Fragerei nach dem eigenen Befinden ist vielleicht nicht immer lustig, aber auf alle Fälle unendlich wertvoll, um das geht es letztlich. Woher hast du dieses Phänomen, dass du immer recht haben möchtest? Woher kommt das und wie soll es denn jetzt mit dir weiter gehen? Du kannst es natürlich so lassen, wie es ist, ich glaube aber nicht, dass es für dich dadurch sehr zum Positiven wird. Denn was schon lange schiefläuft, wird im Laufe der Zeit immer schlimmer, weil es sich stärker manifestiert und dies ist genau das, was wir auf gar keinen Fall gebrauchen können. Reduziere es nun auf deinen stärksten Punkt, wo du immer recht haben willst und nichts anderes duldest. Wie lange hast du das schon in dir, und wie lange willst du es noch so machen? Das sind berechtigte Fragen, denn ohne eine klare Entscheidung, dass du es ändern möchtest, wird es so bleiben und du womöglich immer stärker einen unliebsamen Zeitgenossen darstellen.

Ich will recht haben?	**Woher rührt das?**	**Seit wann?**
1.) ________________	________________	______________

Du hast es wieder geschafft und so beamst du dich immer weiter durch dein Leben. Stück für Stück kommst du dir näher und hast dann endlich das Leben erreicht, welches du dir schon immer vorgestellt hast. Denn viele Menschen träumen von einem bestimmten Leben, von einer Lebensform, von der sie dann häufig weit entfernt sind. Das ist schade, denn eines Tages ist es das gewesen, und wenn man es zeitlebens nicht schafft, ist das sehr unschön und manchmal sogar schmerzhaft.

Dein Fazit: ____

Das Leben geht so oder so weiter

Ob du dich ändern wirst oder nicht, ob du dich ärgerst oder es lieber bleiben lässt. Die Welt dreht sich um ihre Achse und du bist ein Teil davon. Eines Tages, wenn du schon längstens das Zeitliche gesegnet hast, ist es nur noch eine Frage, ob du Spuren im Leben hinterlassen hast. Dann sieht es so aus, dass es nach der Beerdigung immer ruhiger um dich wird und in wenigen Jahren denken nur noch ein paar Angehörige an dich. Mehr darüber im Kapitel „Arbeite an deinem Lebenswerk.“ Das sind doch die Dinge, auf die wir uns konzentrieren sollten. Denn sie haben wahrlich Bestand, alles andere ist reine Veränderung.

Ob du recht haben willst oder nicht

Was ändert es in deinem Leben? Ich stelle mir dabei, wenn es ein wenig zur Sache geht, die Frage „Spielt das in zehn Jahren noch eine Rolle?“ Weißt du was, ich habe bisher noch nichts gesehen und gefunden, was in zehn Jahren auch nur ansatzweise eine Rolle gespielt hätte. Ergo kann und muss ich doch das meiste nur loslassen, damit es mir gut geht. Die Mitmenschen, mit denen ich sonst immer aneinander geraten bin, die wussten es dann zu schätzen und waren teilweise meines Wandels wegen erstaunt.

Ganzheitlich gesehen ändert sich sowieso sehr viel

Um das geht es schlussendlich, denn es geht im Leben in erster Linie, um grundsätzliche Fragen. Wenn wir anfangen uns damit zu befassen, bekommen wir daraus resultierend den berühmtem Adlerblick und dieser ist spannender, als der Blick aus der Hühnerperspektive, wo nur viel gegackert wird, aber sonst fast nichts produziert. Die Adlerperspektive ändert sehr viel, und das hilft uns weiter zu kommen. Aus dieser Sicht sind viele Dinge sowieso ohne Relevanz und damit viel besser zu Händeln.

Der Mensch regt und ärgert sich über so viele Dinge auf

Nur was bringt es, wo soll das nur hinführen? Ärger schadet im höchsten Maße und sich zu schaden, wie verrückt muss man da sein? Nun denn, auch ich zähle mich natürlich dazu. Mir passiert es heute immer wieder mal, wenn ich nicht aufpasse, dass ich voll in diese Falle reinlaufe. Dann echauffiert man sich und rückblickend kann man dann sagen, wie doof war diese Nummer? Darum ist es schön, wenn man im Vorfeld anfängt, ein wenig klüger zu sein und es gar nicht so weit kommen lässt.

Eines Tages zählen sowieso nur die großen Dinge

Alles andere verschwindet doch vollends im Nichts, ist völlig uninteressant. Wenn du das Leben anschaust, ist es letztlich ein auf die Welt kommen, ein paar Jahre hier sein und genauso schnell ist es wieder vorbei. So schnell kann man gar nicht schauen, wie das Leben abgewickelt wird. Wenn ich dich jetzt fragen würde, wo waren die letzten 5 Jahre, wirst du mir sagen „Weg, einfach nur weg!“ Dann frage ich dich, wo waren die letzten 10, 20, 30 Jahre? Dann wirst du mir so etwas Ähnliches sagen, nur weg und das ist unendlich schade, wenn du dann dabei auch noch zum Schluss kommst, es nicht richtig gelebt zu haben.

Nach jedem Tag kommt die Nacht und so geht es weiter

Das ganze Leben ist ein Rhythmus im Wechsel, zwischen Frühjahr, Sommer, Herbst und Winter. Zwischen Tag, Nacht und es geht immer so weiter. Wir sind mitten drin und was machen wir daraus? Wie leben wir uns, gehen wir mit uns und anderen Menschen um? Hast du dich das schon mal gefragt? Das ist wichtig, dass du das für dich eruierst. Nur das bringt dich weiter, die tiefe Erkenntnis über dein Leben und das der Mitmenschen. Wir sind alle in das Große und Ganze eingebettet. Ein Teil des Universums und suchen uns täglich unseren Platz. Eine spannende Angelegenheit, wenn wir wachsam durch die Welt marschieren und darauf achten, dass wir zum Wohle aller unterwegs sind.

Kämpfen nein danke, wozu auch

Früher war ich ein Kämpfer vor dem Herrn, ich habe nichts ausgelassen, war überall und immer dabei. Ich habe nie etwas auf mir sitzen lassen. Ein vielleicht für mich komischer Blick hat ausgereicht, den Adrenalinspiegel steigen zu lassen. Den Preis, den ich für dieses Verhalten oft bezahlt habe, war in der Regel zu hoch für das Ergebnis. Das tendierte in der Regel gegen null. Ich habe einige Zeit gebraucht, dieses Verhalten richtig zu interpretieren, um es fast ganz abzustellen. Natürlich bin ich der gleiche Typ geblieben, nur viel ruhiger und wirke lieber deeskalierend.

Kampf ist immer nur Krampf

Findest du das gut, gehörst du auch zu denen? Oder bist du vielleicht sogar das andere Extrem, devot und kuschend? Das ist natürlich genauso bescheuert, so solltest du nicht durch die Welt marschieren. Wenn du auf der Mittellinie bleibst und dich da bewegst, bist du sehr gut on the way. Ausgleichend und in Harmonie, dabei kann natürlich ein wenig Strom auch nicht schaden, dies jedoch im moderaten Bereich. Wir brauchen die Energien für Wesentliches. Das heißt, um unser Leben in Erfüllung zu leben.

Kampf verhärtet

Verhärtung ist nicht gut und schadet mehr, als dass es einen positiven Aspekt haben könnte. Ich habe früher so viel gekämpft, um alles und jeden, heute lebe ich ruhiger und erreiche trotzdem wesentlich mehr. Vielleicht kommt dir das auch bekannt vor? Solange wir uns im Kampf um irgendwelche Geschichten stressen, schaden wir uns selbst. Auch du solltest wahrlich aufhören, dir selbst zu schaden. Wozu denn auch, lebe in Frieden und Harmonie mit dir selbst, deinem Leben und den Mitmenschen.

Lasse dich und die anderen Menschen in Ruhe

Das ist wahrlich die hohe Kunst des menschlichen Daseins, souverän unterwegs zu sein und dabei auch noch cool zu bleiben. Wer cool ist, gewinnt und alle anderen verlieren über kurz oder lang. Ja, ich weiß, das ist nicht immer leicht, das zu leben. Denn das Leben und die lieben Mitmenschen fordern einem öfters ganz schön. Solange wir aber bei uns bleiben, sind wir schon einmal auf der sicheren Seite. Wieso denn ausrasten und womöglich auch noch die Contenance verlieren? Ich habe es so oft erlebt, die Resultate daraus sind alles andere als gut.

Wie sieht es bei dir aus, bist du noch am Kämpfen

Der Frage gehen wir jetzt kurz nach, denn es ist sehr wichtig, dass du dich klar erkennst. Denn wenn du kämpfst, verlierst du viel zu viel Kraft und die Energie verpufft. Darum schauen wir jetzt explizit hin, um herauszufinden, wo wir uns bewegen, respektive du. Schreibe nachfolgend bitte auf, wo und um was du kämpfst. Wieso tust du es überhaupt, das ist dringlich, dies zu eruieren und natürlich auch, seit wann du das machst? Wie immer, je länger desto stärker hat es sich manifestiert und umso mehr musst du daran arbeiten, es wieder raus zu bekommen. Wenn du es aber willst, schaffst Du auch das.

Ich kämpfe?	Wieso tust du es?	Seit wann?
1.) ______________________	__________________	__________
2.) ______________________	__________________	__________
3.) ______________________	__________________	__________
4.) ______________________	__________________	__________
5.) ______________________	__________________	__________

6.) ______________________ ________________ __________

7.) ______________________ ________________ __________

8.) ______________________ ________________ __________

9.) ______________________ ________________ __________

10. ______________________ ________________ __________

Hast du im Vorfeld schon einige Erkenntnisse dazu bekommen, gemerkt, wie absurd so manches ist, was du da fabrizierst? Wieso machst du es überhaupt, wieso kämpfst du? Ich will damit nicht sagen, dass man sich um das eine oder andere nicht auf die Hinterfüße stellen soll. Aber bitte nicht kämpfen bis zum bitteren Ende, was manch einer macht. Oder wie oft hört man, das kann ich ihm oder ihr nicht verzeihen. Das Ding ziehe ich jetzt durch, koste es, was es wolle. Das ist eine reine Harakirinummer. Du bringst dich mit solchen Aussagen nur selbst um. Das macht man nicht, führt sich nicht selbst aufs Schafott. Außer wenn man ein wenig lebensmüde ist, dann kann man es ruhig machen. Wenn man keine Erwartungen mehr an das eigene Leben hat. Im Glauben womöglich verweilt, dass eh alles keinen Sinn hat.

Was denkst du jetzt, wie geht es dir mit den Aussagen? Ich denke, dass du gemischte Gefühle hast. Von gut bis hin zu katastrophal. Lasse im Moment das Wechselbad der Gefühle zu, sehe es völlig neutral an. Im Laufe des Buches wird dir einiges bewusst werden und du wirst die Kraft gewinnen, es anzugehen und dann zu ändern. Wichtig ist, dass du nicht schon wieder in die Nummer des Kampfes einsteigst. Wir wollen Ruhe, Frieden und unglaubliche Lebensfreude. Daraus entsteht Lebensglück, das strahlen wir dann aus, und die Mitmenschen nehmen das sehr positiv auf. Reduziere es jetzt auf deine drei stärksten Kampffaktoren.

Ich kämpfe?	**Wieso tust du es?**	**Seit wann?**
1.) ____________________	____________________	__________
2.) ____________________	____________________	__________
3.) ____________________	____________________	__________

Erneut bist du deinem Leben ein Stück nähergekommen. Wird es dir noch bewusster und klarer? Ich finde es super in die Schriftlichkeit zu gehen, denn wenn man es schwarz auf weiß sieht, hat man eine andere Sicht der Dinge. Sonst bleibt es oft beim dumpfen Gefühl und irgendwelchen abstrusen Vorstellungen. Es ist aber nicht klar, konkret, messbar und unmissverständlich. Erst wenn wir uns auf den Weg der Analyse machen, wird es konkreter und durch das Schriftliche, können wir es besser erfassen. Das ist die eine Geschichte und die andere, wir können es jederzeit überprüfen. Jetzt reduziere es auf deinen stärksten Punkt.

Ich kämpfe?	**Wieso tust du es?**	**Seit wann?**
1.) ____________________	____________________	__________

Wenn man es reduziert, wird einem so vieles klar. Wir brauchen diese Klarheit und je öfters wir für die Klarheit bereit sind, desto leichter wird unser Leben dabei. Am Anfang ein wenig und dann immer stärker und stärker. Wir sind einfach dafür zuständig, wie es uns geht und wie wir das Leben gestalten. Erstaunlich dabei ist nur, wie viele Menschen sich vor der Tatsache erschrecken, was sich da alles im Unterbewussten abspielt.

Dein Fazit: ____

Hadern nein danke

Kennst du das Thema hadern, ganz bestimmt und wie oft hast du das schon getan? Wie oft willst du das noch tun? Hadern ist Verrat an sich selbst und genau dies sollte man niemals tun. Das heißt auch klar, nicht zu sich zu stehen und das tun sehr viele Menschen. Darum achte immer auf dich und habe eine sehr hohe Meinung von dir. Es ist dabei nicht wichtig, was andere Menschen von dir halten, sondern wie du dich siehst und dabei auch gibst. Das fängt oft subtil an und baut sich dann immer stärker auf. Bis es eines Tages solch eine starke Eigendynamik annimmt, dass es sich so manifestiert, dass du da fast nicht mehr rauskommst.

Woher kommt das Hadern

Das hat in erster Linie etwas damit zu tun, weil wir es förmlich übergestülpt bekommen. Denn als kleines Kind haben wir nie gehadert. Ganz im Gegenteil, da waren wir so stark und gewaltig, haben fest an uns geglaubt. Alles schien möglich zu sein, ohne Limits. Diese bekamen wir erst im Laufe der Zeit beigebracht. Immer und immer wieder wurden diese uns runtergebetet, bis wir sie eines Tages hundertprozentig geglaubt haben, die ganzen Beschränkungen. Schauen wir uns einmal die einzelnen Faktoren an.

- Eltern
- Geschwister
- Verwandte
- Schule
- Freunde
- Bekannte
- Firma
- Partner

Das sind einige der Einflussfaktoren, aber die Aufzeichnung erhebt keinen Anspruch auf Vollendung. Es ist ein kurzer Flash, um sich mit der Materie zu befassen. Jetzt wollen wir uns die einzelnen Faktoren etwas genauer anschauen, damit du es klarer erkennen kannst.

Eltern

Sie sind und waren damals unsere großen Vorbilder, wir hätten ohne sie keine Überlebenschance gehabt. Das muss uns bewusst sein und so haben wir natürlich alles getan, um den Eltern zu gefallen. Da manches Elternteil damit nicht richtig umgehen konnte, war es immer nur eine Frage der Zeit, bis die Eltern ihre Fehlbarkeiten anfingen an uns auszuleben. Ganz subtil und immer stärker. Als wir klein waren, durften wir so viel machen und tun. Je älter wir wurden, desto mehr Gebote und Verbote haben Einzug gehalten. Die ersten Keime des Haderns wurden tief in uns eingepflanzt. Manchmal sogar mit einer Vehemenz, die ihresgleichen sucht. Ich bewundere im negativen Sinne viele Eltern, in was für einem zerstörerischen Anfall sie das Prozedere der sukzessiven Vernichtung ausführen. Wenn sie diese Energie nur mal für andere Bereiche eingesetzt hätten.

Geschwister

Manche Geschwister, vor allem die Älteren sind überhaupt nicht zimperlich sich voll und ganz auf Kosten der Kleineren auszuleben. Sie führen in Vollendung das Spiel der Eltern weiter. Düngen und gießen das Pflänzchen Hadern immer wieder. Sodass es Zeit hat, richtig üppig heranzuwachsen. Bei den Eltern und Geschwistern hat man oft das Gefühl, als hätten sie sich in ihrem Zerstörungsprozess abgesprochen. Anstatt man einem Kind sein Rückgrat stärkt, macht man genau das Gegenteil davon.

Verwandte

Beherrschen das Thema auch sehr gut und es macht so manchen

Spaß, sich an den Kleinen auszuleben. Wo ich mich dann frage, wie pervers muss man da sein? Vieles wird ins Lächerliche gezogen, die Eltern voraus und dann die Verwandten hinterher. Und solch ein zartes und kleines Pflänzlein junger Mensch, hat dagegen keine Chance. Denn durch die permanenten Wiederholungen kann es sich tief und fest einprägen. Solltest du eigene Kinder haben, ist es deine Aufgabe diese zu schützen und zu stärken. Aber doch niemals solche ekligen und lebenszerstörenden Spiele zu dulden, oder selbst zu inszenieren.

Schule

Oh Mann, was für Lehrer es da gibt und ich durfte einige dieser Exemplare genießen. Was die sich alles erlaubt haben, war oft unfassbar. Anstatt den jungen Menschen zu stärken, macht man sich lustig über ihn, zum Gespött der Klasse. Man prangert seine Unkenntnis bis hin zur Dummheit an. Alles wird zum Drama hochstilisiert und derart geschwächt, braucht es keinen langen Weg, bis zum Hadern. Das ist schnell mal implementiert und der junge Mensch fängt das an zu glauben. Dass er zu nichts fähig ist und aus ihm nichts wird. Du bekommst als Kind den berühmten Stempel ab und kannst fortan mit diesem Makel leben.

Freunde

Da wird auch gerne gehauen und gestochen. Richtig gute Freunde gibt es dann doch nicht, welche zu einem halten und zur Stärkung beitragen. Da wird das Destruktive munter weitergeführt. Alles Manifestierungen, welche sich immer mehr abrunden und wieder ein Stück mehr dazu beitragen, dass der junge Mensch stärker hadert und sich dann irgendwann die große Frage stellt, wozu er denn überhaupt tauglich ist. Wenn es dann soweit ist, ist das mehr als fatal und traurig.

Bekannte

Auch die nehmen sich des Öfteren einiges heraus und meinen

noch im Recht zu sein. Wie klug und clever sie doch sind, dass sie es uns endlich gesagt und gezeigt haben. Ich bin mir sicher, dass du das auch kennst und womöglich hast du dieses Spiel ja selbst schon mitgespielt. Denn das macht schon Spaß, auf Schwächeren rumzuhacken. Das steckt irgendwo im Menschen drin, fast wie das Katz- und Mausspiel. Darum solltest du wieder einmal in solch eine Situation hineingeraten, hüte dich bitte mitzumachen. Denn sich auf Kosten eines Schwächeren lustig zu machen, ist nicht cool.

Firma

Es gibt einige wenige Firmen, da werden die Mitarbeiter hochgehalten. In anderen wird ein anderes Spiel gespielt. Oft auch noch mit wüsten Beschimpfungen und all das für ein paar Euros. Chefs die Intrigen einfädeln und Kollegen, manchmal sogar Kunden, die das Spiel spielen. Natürlich auf Kosten des Schwächsten, der sich nicht richtig wehren kann.

Partner

Was da nicht alles unter dem Deckmäntelchen der Liebe passiert, ist der Hammer. Deswegen kann ich jedem Paar empfehlen, halte die Augen, Ohren und den Mund offen, dass du dich voll und ganz lebst und nicht das teilweise doch sehr subtile Spiel mit machst. Vor allem Frauen sind da höchst massiv unterwegs. Den Mann klein zu halten, scheint sich von Generation zu Generation fortzusetzen. Schaue daher genau hin, was du für einen Partner an deiner Seite hast. Ob er dir guttut oder dich nur Energie kostet, und du vor lauter Bequemlichkeit und womöglich auch ein Stück Faulheit, das Thema nicht angehen willst. Dabei ist es wichtig, dass man sich gegenseitig in Frieden leben lässt, sich schützt und stützt, wo es notwendig ist.

Wer hadert verliert

Kennst du die Situation, du haderst, dann haderst du noch ein wenig mehr und urplötzlich entsteht daraus eine große Eigendynamik, die du kaum mehr in den Griff bekommst. Wie verrückt ist denn das, und du kannst sehenden Auges vermeintlich nichts dagegen machen. Alles andere als gut und aufbauend, es wirkt unendlich zerstörerisch und vernichtend. Darum passe gut auf dich auf, dass du aus dieser Nummer des Haderns rauskommst. Sonst hast du echt ein Problem und das wäre fatal.

Hadern ist andressiert

Kommt dir das bekannt vor, ganz bestimmt und je länger wir mit uns und dem vermeintlichen Schicksal hadern, desto stärker geht es bergab. Da heißt es dagegenhalten und unbedingt darauf achten, dass man aus der Nummer wieder rauskommt. Jeden Tag, den du derart verbringst, verschlimmert die Situation um ein vielfaches und dies ist definitiv alles andere als gut. Darum schauen wir der Tatsache klar ins Auge und achten darauf, wie wir es in Griff bekommen.

Schreibe nachfolgend all deine Hadereien auf

Auch hier gehen wir unverzüglich ans Eingemachte, und arbeiten uns durch. Schreibe gleich auf, wo du überall haderst und wieso das so ist. Denn das ist sehr unklug, wenn du so unterwegs bist. Wer hadert verliert und du bist doch ein Gewinner. Es lohnt sich, als großer Gewinner durch die Welt zu schreiten. Dazu ist es wichtig, dass du den Fokus immer auf Gewinn setzt und dann auch alles gibst, um dahin zu gelangen.

Meine Hadereien?	Wieso ist das so?	Seit wann?
1.) ________________	________________	__________
2.) ________________	________________	__________
3.) ________________	________________	__________

4.) ______________________ ________________ _________

5.) ______________________ ________________ _________

6.) ______________________ ________________ _________

7.) ______________________ ________________ _________

8.) ______________________ ________________ _________

9.) ______________________ ________________ _________

10. ______________________ ________________ _________

Wie ist es für dich, wie fühlt es sich an? Ist dir einiges bewusst geworden und wohin soll deine Reise gehen? Ich finde es sehr spannend der Frage nachzugehen, wieso das so ist, dass wir hadern. Je genauer wir die Dinge analysieren, desto leichter tun wir uns. Es ist immer wieder die gleiche Geschichte, oft sind wir viel zu wenig auf das Wesentliche konzentriert. Wir überlassen einfach viel zu viel dem Zufall und sind dann erstaunt, wenn die Dinge aus dem Ruder laufen. Das geht manchmal recht flott und dann ist das Geschrei riesig. Großes Unverständnis den Dingen gegenüber, welche passiert sind, dabei müsste es gar nicht so weit kommen.

Das Leben ist per se Leichtigkeit und nochmals Leichtigkeit, nur was wir daraus machen, gleicht oft dem Gegenteil und dann sind wir geschockt über die Ergebnisse. Dabei funktioniert alles nach dem einfachen Prinzip von

„Ursache und Wirkung!"

Wer das verstanden hat, tut sich viel leichter und kommt besser durchs Leben. Du erntest immer nur das im Leben, was du vorher gesät hast. Nicht mehr und nicht weniger und wer um dieses Geheimnis weiß, hat es viel leichter und kann sich bereits im Vorfeld überlegen, ob das, was er da gerade tut, auch zielführend ist. Jetzt reduziere deine zehn Punkte bitte auf die drei für dich stärksten und größten.

Meine Hadereien?	Wieso ist das so?	Seit wann?
1.) ______________________	____________________	___________
2.) ______________________	____________________	___________
3.) ______________________	____________________	___________

Die nächste Hürde ist geschafft, du bist ein Stück in Richtung deines Seins weiter gekommen. Um das geht es doch, dass du die Reise zu dir selbst aufnimmst. Nicht nur so in den Tag hinein lebst, mal mehr oder weniger glücklich zu sein. Sondern aktiv im Geschehen stehen und stets die Herrschaft über sich zu bewahren. Das ist wichtig, dass du nicht schnell zum Spielball von irgendwelchen Mächten, anderen Menschen und so weiter wirst. Das ist nicht gut, du musst das berühmte Zepter immer in deiner Hand halten und dein Leben managen. Ich weiß, das hört sich nicht leicht an und ist dennoch in der Umsetzung eine komplexe Geschichte. Es erfordert deine vollste Konzentration und dann hast du auch Spaß daran. Freuen wir uns darauf, jeden Tag eine Meisterleistung an den Tag zu legen und uns dadurch permanent weiter zu beamen. Jetzt reduziere es auf deinen Hauptpunkt und freue dich darüber, dass du so fleißig und großartig bist.

Meine Hadereien?	Wieso ist das so?	Seit wann?
1.) ______________________	____________________	___________

Danke dir selbst und lobe dich für deine konsequente Umsetzung.

Vielleicht denkst du jetzt womöglich, was das soll. Es doch selbstverständlich ist, dies ist es bei Weitem nicht. Nichts ist übrigens selbstverständlich, alles ist in permanenter Veränderung und Du bist ein Teil des Ganzen. Frage ist nur, was machst Du daraus? Wie sehr gehst Du mit und wie ernst ist es Dir letztlich, dein Leben fest in deine Hände zu nehmen? Denn möchten, möchten die meisten Menschen irgendetwas. Aber so richtig und in letzter Konsequenz, sind sie dann doch weit davon entfernt.

Dein Fazit: ______________________________________

Worauf du dich fokussierst, das wächst

Eigentlich ist das ja schon tragisch genug, der Mensch tut Dinge, obwohl er weiß, dass sie ihm nicht bekommen. Dann fokussiert er sich auf die vielen Missstände, die automatisch dadurch entstehen, weil er nicht auf sich und sein Leben Acht gibt. Das ist doch verrückt, derart unterwegs zu sein. So zu leben, wie man es nicht möchte und dabei noch in der Hoffnung zu bleiben, dass es irgendwie werden wird. Das passt überhaupt nicht zusammen. Der Mensch im Selbstvernichtungsprozess, kommt dir das bekannt vor? Ganz bestimmt, ein wenig bei dir und vielleicht noch viel stärker bei anderen Menschen.

Bitte achte auf dich

Nicht für mich, denn von mir aus, kannst du leben wie du möchtest. Das steht dir völlig frei, denn es ist ja letztlich nur dein Leben. Solange es mich nicht tangiert, Feuer frei in alle Richtungen. Solltest du aber für dich merken und spüren, dass da einige Dinge ein wenig kontrovers laufen, solltest du in medias res gehen. Denn sonst ist es irgendwann buchstäblich zu spät, dies kennst du bestimmt auch. Das ist unangenehm, wenn man merkt, dass einem alles aus dem Ruder läuft. Hier gilt die Devise von

„Wehret den Anfängen!“

Nicht im Nachhinein alles versuchen, wieder auszubügeln. Das ist dann oft Krampf und alles andere als gut. Im Vorfeld ist es wesentlich leichter zu Händeln und da hast du auch viel mehr Spielraum und kannst noch selbst Herr der Situation sein. Auf sich achten, hat auch etwas mit Selbstachtung zu tun. Das ist so wichtig, dass du dich in jeder Hinsicht achtest. Gehe auf dich ein, auf deine Seele, deinen Geist und natürlich auch deinen Körper.

Konzentration schafft Verstärkung

Worauf ich mich konzentriere, da gebe ich Energie drauf und da wo ich Energie draufgebe, das wächst. Am Anfang noch subtil und kaum merkbar. Dann im Laufe der Zeit wird es immer größer und größer, nimmt Eigendynamik an. Was für einen Fokus hast du für dein Leben? Auf diese Frage haben die meisten keine klare, konkrete, messbare und unmissverständliche Antwort. Sie wissen es nicht und das ist eine Verschleuderung, der eigenen Energien. So zu leben, als hätten wir ein ewiges Leben und als ob wir immer wieder von vorne anfangen können. Das können wir natürlich, nur die Zeit, welche abgelaufen ist, ist vergangen und vorbei.

Ich muss halt immer wieder daran denken

Das kenne ich zur Genüge, immer wieder rutschen unsere Gedanken genau dahin, wo sie in der Regel nicht hin sollten. Das ist verrückt, wenn wir derart unterwegs sind. Wieso müssen wir uns da so quälen und abmühen? Es ist leichter, wenn wir uns mit den positiven und lebensbejahenden Dingen beschäftigen. Das Leben ist doch genau das, was wir daraus machen.

Worüber sprichst du den lieben langen Tag

Kennst du diese Menschen auch, wenn sie den Mund aufmachen, kommt nur Müll raus, in Form von negativem Gequake. Ganz bestimmt und wenn sie den Mund schließen, liegt dir zu Füssen ein riesiger Müllhaufen. Ich denke, das ist bekannt und findest du es gut? Wieso bietest du diesen Menschen die Plattform, sich auf diese Art und Weise ausleben zu können? Das solltest du nicht tun, ist töricht. Vielleicht bist du ja selbst einer von diesen Typen, der auch negativen Müll im Hirn und im Herzen hat. Eliminiere ihn heute noch und hüte dich, überhaupt noch ein negatives Wort aus deinem Munde zu lassen. Beiße dir auf die Zunge, als sich nochmals negativ zu äußern. Denn durch deine Worte bekräftigst du es erst recht. Dann hörst du es auch noch durch das gesprochene Wort und hast dadurch den doppelten Effekt.

Schreibe jetzt bitte auf, worauf du dich fokussierst

Womöglich findest du das jetzt ein wenig komisch, vielleicht auch nicht ganz passend zum Buchtitel. Das kann ich sehr gut verstehen, denn da geht es um das Thema, jeder hat aus seiner Sicht recht. Ich möchte dich dahin gehend stärken, dass du merkst und siehst, worauf du dich konzentrierst. Wenn du um jeden Preis recht haben willst, hast du das zu deinem Lebensinhalt gemacht. Ob das sinnvoll ist, ich wage es zu bezweifeln. Durch diese Übungen lernst du dich besser kennen. Daraus kannst du ein neues, reichhaltigeres und schöneres Leben ableiten. Das ist doch das Thema und wenn du dich auf großartige und absolut lebensbejahende Dinge konzentrierst, hast du keine Zeit mehr recht haben zu wollen. Dann bist du zu sehr mit dir selbst beschäftigt.

So schließt sich der Kreis erneut und du hast mehr Lebensgewinn und Freude damit erreicht. Schreibe nun deinen Fokus auf, wieso das so ist und wie oft du da drin bist. Auch hier notiere alles, wenn es dir noch so nichtig erscheint. Oft sind es die kleinen Dinge am Wegesrande, die viel ausmachen. Der erste Durchlauf ist aufschreiben, dann kommt später wieder die Reduktion.

Mein Fokus?	Wieso?	Wie oft?
1.) ____________	____________	______
2.) ____________	____________	______
3.) ____________	____________	______
4.) ____________	____________	______
5.) ____________	____________	______
6.) ____________	____________	______

7.) ________________________ __________________ _________

8.) ________________________ __________________ _________

9.) ________________________ __________________ _________

10. ________________________ __________________ _________

Wie ist es für dich, wird dir einiges klarer? Als ich das gecheckt habe, wurde mir sofort einiges bewusst. Ich habe plötzlich Dinge erkannt, die waren mir vorher überhaupt nicht bewusst. Ganz am Anfang meines Lebens, war mir bereits klar, dass ich zwar viele positive Aspekte hatte, aber leider auch viel Negative. Du weißt doch selbst, 10 Mal Positives und 1 Mal Negatives, was bleibt haften? Ist doch logisch, das Negative hat unendlich viel Kraft in sich und überwiegt immer. Es macht stets das Rennen, da sind wir komisch eingestellt. Jetzt können wir dabei auch nicht hingehen und andere beschuldigen. Diese Verantwortung müssen wir selbst auf uns nehmen und dafür gerade stehen.

Ab dem Moment, wo wir für alles die Verantwortung übernehmen, geht es uns besser. Wir fühlen uns da auch nicht mehr ohnmächtig, so als würde uns gerade das Leben zwischen den Fingern entgleiten. Kennst du das Gefühl, bestimmt und wie fühlt sich das an? Das ist äußerst unangenehm und damit möchten wir nichts zu tun haben. Es liegt uns fern, sich mit der Thematik auseinanderzusetzen. Wenn wir aber so quer leben, bleibt uns das nicht erspart und wir müssen uns hinsetzen, analysieren und verstehen lernen, wie die Dinge laufen. Reduziere nun deine zehn Punkte, auf die drei stärksten Bereiche, auf die du dich fokussierst.

Mein Fokus?	**Wieso?**	**Wie oft?**
1.) ________________________	__________________	_________

2.) ______________________ ________________ ________

3.) ______________________ ________________ ________

Wenn du es jetzt aus der Adlerperspektive anschaust, wie ist es da für dich? Geht es dir gut damit, ist das positiv und lebensbejahend? Wenn ja, darf ich dir dazu gratulieren, gehörst du zu den rühmlichen Ausnahmen, die es gepackt haben. Oder zumindest für eine Zeit lang, wenn nein, herzlichen Glückwunsch. Du bist hier genau richtig, um in die Veränderung zu gehen. Veränderung ist immer wieder angesagt, mehr darüber im Kapitel „Gehe immer in die Veränderung!" Nur wenn du das tust, gewinnst du sehr viel an neuer Lebensenergie und Power.

Manchmal möchten wir es aber nicht sehen, kennst du das? Ganz bestimmt, wie oft hast du versucht, wegzusehen und so zu tun, als ob nichts wäre? Hat es etwas gebracht? Ich glaube nicht, es hat dich eher geschwächt und das ist nicht gut. Denn auf uns alle warten immense Lebensaufgaben. Die schaffen wir aber nur, wenn wir im Vollbesitz unserer Kräfte sind. Jegliche Form von Schwäche, schwächt unnötig und wirft uns buchstäblich zurück. Reduziere nun deine Aufzählung auf deinen stärksten Bereich. In der Regel können wir uns auch immer nur auf eine Sache konzentrieren. Deswegen suche dir nun aus den drei Punkten deinen stärksten aus.

Mein Fokus? **Wieso?** **Wie oft?**

1.) ______________________ ________________ ________

Du bist so stark und schaust genau in diesem Augenblick auf deinen Hauptfokus. Wie ist der, wie fühlt sich dieser für dich an? Geht es dir gut damit, baut es dich auf, bestärkt es dich? Wenn es ein Positiver ist, mit Sicherheit. Sollte es ein Negativer sein, wovon ich fast ausgehe, sollte es dich schon bestürzen und betroffen machen. Daraus wächst die Chance, dass es in die Veränderung geht. Weil du dir das wünschst und es wichtig ist. Der Mensch funktioniert nach einem simplen Prinzip

„Schmerzvermeidung und Spaß!“

Wir tun in der Regel alles, um möglichst Schmerzfreiheit zu haben und auf der anderen Seite unendlichen Spaß. Denn dieser beflügelt und schenkt uns unendlich Kraft und Energie. Das ist doch wunderbar, aber manchmal tendieren wir dazu, vor lauter Spaß haben wollen, dass wir nicht genau hinschauen, und dass da gerade etwas einläuft, was uns danach sehr viel Schmerz bringt. Deswegen bin ich der Meinung, lieber ab und zu in den Schmerz gehen, als ein Leben lang Schmerz zu haben.

Dein Fazit: ____

Was ist dir das Wichtigste

Hast du dir darüber schon Mal Gedanken gemacht? Was dir wirklich wichtig ist und viel bedeutet? Erst wenn du das weißt, bist du auch imstande, dich auf das Wesentliche zu konzentrieren, und genau um das geht es. Um dein Wesen und alles, was damit zu tun hat. Wenn Du hier nicht aufpasst, passiert es schnell, dass du ins Stolpern kommst. Wieso soll man sich dies freiwillig antun, wenn es auch anders und eleganter geht. Eines Tages zählt doch nur noch das, was dich glücklich und beseelt macht.

Es gibt viele Dinge, die wichtig sind

Das höre ich immer wieder und das ist auch gut so. Nur gilt auch hier das klare Gesetz, immer eine Geschichte auf einmal, und das gezielt, ohne Ablenkung. Es geht um klare Entscheidungen und davor fürchten sich die meisten Menschen. Viele wollen keine Entscheidungen treffen, darin liegt die Angst vor der Fehlentscheidung. Dabei ist sich nicht entscheiden, eine große Fehlentscheidung. Wenn ich die Menschen dann frage, was ihnen wichtig ist, höre ich häufig „Alles!" Das ist natürlich Blödsinn und sicherlich nicht zielführend.

Das Thema des eigenen Lebens

Anstatt uns immer wieder mit dem Thema, das Leben der Mitmenschen zu befassen, ist es sinnvoller, das eigene in die Hand zu nehmen und sich da richtig auszukennen. Immer wieder dabei in die berühmte Kontrolle zu gehen, dass ja nichts aus dem Ruder läuft. Denn das geschieht in der Regel zügig, und bevor wir uns richtig umgesehen haben, entwickelt unser Leben eine Dynamik, die außerhalb unseres Kontrollbereiches zum Tragen kommt. Das fängt subtil und klein an, kaum merklich, bis wir es erfassen, ist es schon so weit weg von unserem eigentlichen Dasein.

Wir befassen uns doch eh mit allen möglichen Dingen

Kennst du das, sicherlich, denn wir stehen täglich von früh bis spät im Dialog mit uns selbst. Was da kommuniziert wird, ist unglaublich und von außen betrachtet müssten wir dazu fast sagen „Hey, hier sind ja richtige Waschweiber am Werk!" Kennst du das, wenn ja super und wenn nicht, dann höre einfach auf dich und in dich hinein. Dann lausche der Kommunikation, welche da stattfindet. Du standest bisher dem Ganzen ziemlich machtlos gegenüber. Damit ist nun Schluss, weil du kannst, und willst es dir nicht mehr erlauben, so unterwegs zu sein. Befasse dich ab sofort nur noch mit dem Wichtigsten, mit den Dingen, die dich dort hinführen, wo du schon lange hinwolltest.

Bleibe bei allem immer cool

Das ist die Grundvoraussetzung, denn nur wenn du cool bleibst, bist du in deiner Kraft. Diese brauchen wir, um weiter zu kommen und uns die Lebensfreude reinzuholen, die lebensaufbauend sich darstellt. Ich finde das Wort lebensaufbauend wundervoll. Hilft es uns doch mit großer Freude und voller Motivation on the way zu sein. Wie heißt es treffend „Du bist der Herr des Ganzen." Das ist das Elementarste, dass du es bist und nicht die Umstände. Kennst du auch Menschen, die behaupten, dass sie es nicht mehr im Griff haben? Das ist sehr gefährlich, wenn es zu dieser Aussage kommt.

Wichtig, wichtiger und am aller wichtigsten

So oder so ähnlich könnte die Steigerung lauten. Es fängt klein an und dann nimmt es immer mehr an Fahrt auf, bis es vollends in unser Leben eintritt. Diese Steigerungen finde ich klasse und das zeigt auf, dass immer noch etwas geht. Ein wenig mehr, als von dem, was möglich ist und war. Wichtig ist, dass du daran glaubst, das ist der erste Schritt und danach, dass du imstande bist, in die Vision hinein zu gehen. Wage es wieder zu träumen, aber nicht ein wenig, sondern träume gigantisch. Das, was der Mensch imstande ist zu träumen, kann er umsetzen. Was für ein super Zustand für uns. Viele Menschen stehen vor ihrem Leben und tun so, als ob sie nicht richtig daran beteiligt sind. Dann fängt man an, sich lieber mit anderen Dingen zu beschäftigen und das sind in der Regel andere Menschen. Denen versucht man seine Sicht der Dinge überzustülpen. Recht haben, um jeden Preis resultiert daraus und das kann nicht gut ausgehen.

Schreibe jetzt bitte auf, was dir wichtig ist

Vielleicht denkst du jetzt womöglich, nicht schon wieder. Doch und das wird noch häufiger vorkommen, dass wir Aufgaben erledigen. Frage an dich, für wen glaubst du, machst du das alles? Für mich bestimmt nicht, denn ob du es tust oder nicht, ändert bei mir nichts. Ich habe das Buch ja verkauft bekommen und damit könnte es für mich abgeschlossen sein. Das ist die schnelle Geschichte. Dann gibt es aber noch mehr, wenn du es mit Begeisterung machst und es dir Spaß bereitet, kommst du mich auf Seminaren besuchen und da freue ich mich immer besonders darauf, meine Leser persönlich kennenlernen zu dürfen. Aber unabhängig davon, geht es um dich und dein Leben. Wenn du die Aufgaben mit Enthusiasmus sofort löst, bringt es dich weiter.

Mein Wichtigstes?	**Wieso?**	**Seit wann?**
1.) ____________________	________________	__________
2.) ____________________	________________	__________
3.) ____________________	________________	__________
4.) ____________________	________________	__________
5.) ____________________	________________	__________

6.) ____________________ ______________ _________

7.) ____________________ ______________ _________

8.) ____________________ ______________ _________

9.) ____________________ ______________ _________

10. ____________________ ______________ _________

Wie fühlt es sich für dich an? Das ist doch ein wundervolles Gefühl? Sich so intensiv mit dem eigenen Leben zu befassen. Immer zu checken, ob man tatsächlich im richtigen Leben, in seinem eigenen sich wieder findet. Oder ob man sonst irgendein Leben lebt. Es geht zügig vonstatten, so schnell kann man oft gar nicht schauen. Denn Manipulatoren gibt es genug am Wegesrande, die versuchen einem in die eigene Richtung zu manipulieren. Das geht oft subtil vonstatten, dass wir es unter Umständen nicht bemerken. Das ist die elegante Form der Manipulation, dann gibt es noch die berühmte Hardcore Nummer, recht haben wollen und jedem seinen Stempel aufzudrücken.

Je wachsamer du bist, je mehr du weißt, was du willst und was nicht, desto besser geht es dir. So wirst du den ganzen Versuchen gegenüber immun. Das Problem von den meisten Menschen ist nur, dass sie sich zu wenig Gedanken machen, wohin die eigene Reise gehen soll. Man nimmt das Leben als etwas selbstverständliches. Als könnte man es nicht groß beeinflussen und es würde alles vom berühmten Schicksal abhängig sein. Das ist nicht gut, wenn es so abläuft. Denn die Chance, dass man hier rausfliegt, ist riesig. Raus aus seiner Mitte, rein in irgendetwas, wo man keine Kontrolle mehr hat. Reduziere es jetzt bitte auf deine drei stärksten Bereiche, was dir alles wichtig ist und wieso sich das für dich so darstellt.

Mein Wichtigstes?	**Wieso?**	**Seit wann?**
1.) ____________	____________	____________
2.) ____________	____________	____________
3.) ____________	____________	____________

In der Reduktion gewinnen wir unendlich viele neue Erkenntnisse und daraus entsteht dann der Wunsch, es zu ändern und zu gestalten, dass es passt. Weißt du, letztlich muss es doch passen, damit du dich wohlfühlen kannst. In das Wohl hineingehen ist immens wichtig und dies noch zu fühlen. Dafür ist es einfach da, und stellt sich klar als ein Teil unseres spannenden Lebens dar. Nicht nur ein wenig, sondern aktiv. Wie du siehst, es dreht sich permanent um das Gleiche. Lebe, lebe dich wirklich mit allem, was dir zur Verfügung steht. Du musst nicht verzichten, was oft proklamiert wird, dass nur Verzicht zur nächsten Stufe führt. Reduziere es jetzt auf dein Allerwichtigstes.

Mein Wichtigstes?	**Wieso?**	**Seit wann?**
1.) ____________	____________	____________

Kaum zu glauben, schon wieder ein Stück weiter des Weges gekommen. Merkst du was, wenn man jeden Tag weiter macht, gelangt man ohne große Mühe zu neuen Ufern. Man muss aber dazu bereit sein, die Schritte zu tun. Nicht das machen, was man öfters vorgelebt bekommt. In der Warteschleife zu verharren und auf Wunder zu hoffen. Wieso sollen denn Wunder geschehen, wenn man nichts dazu beiträgt.

Dein Fazit: ______________________________

Du bist so klasse und die anderen auch

Hast du dir darüber schon einmal Gedanken gemacht? Wohl kaum, denn wir sehen, wie es in der Bibel immer beschrieben wird, viel eher den Balken im Auge des anderen, als in seinen eigenen. Deswegen ist es relativ schwierig, zu erkennen, dass die anderen auch klasse sind. Jeder auf seine Art und Weise, das eine korrespondiert sehr mit uns und anderes eben nicht. Das ist aber weiters auch nicht tragisch, hat doch jeder seine Form zu leben. Das muss wahrlich nicht unsere Welt sein, und wenn wir dies erkennen und damit den Nächsten in Ruhe lassen können, sind wir sehr weit vorangeschritten.

Zuerst musst du aber bei dir anfangen

Das ist der erste und zugleich größte Schritt, sich selbst zu erfassen, wie großartig man ist. Es gibt immer nur einige, bei denen klappt es relativ gut. Die sind von sich überzeugt, manche sogar stärker. Dann gibt es ganz wenige, die sind total überdreht und glauben, die allergrößten zu sein. So führen sie sich dann auch auf und walzen dabei häufig über alles hin weg. Die große Mehrheit ist völlig außen vor und glaubt unscheinbar zu sein. Die Genossen, die anderen immer zu sagen haben, was Sache ist, sind buchstäblich die Übersteuerten.

Klasse zu sein hat etwas mit Selbstwert zu tun

Was bist du dir wert, wie gehst du durch die Welt? Was bewegst du und was bewegt dich Tag für Tag? Selbstwert ist für die meisten Menschen ein großes Thema. Denn daraus leitet sich auch alles Weitere ab. Du bist zuständig für deinen Selbstwert und niemand anderes, nur du alleine kannst es bewerkstelligen. Wenn du darauf wartest, dass dir der Selbstwert von außen gegeben wird, da kannst du unter Umständen ein Leben lang darauf warten und wirst eingehen, wie eine Primel ohne Wasser. Möchtest du das wirklich, ich glaube nicht und darum lasse es lieber. Wie stufst du dich ein, wie positionierst du dich im Leben? Einen hohen Selbstwert sein Eigen zu nennen, hat auch mit Erfolg zu tun. Denn Menschen, die das aufweisen, haben eine andere Startbasis.

Andere Menschen sind auch klasse

Wenn du das verstehst, geht es dir um Welten besser. Da kommst du mehr in die Ruhe und das brauchst du, die berühmte Gelassenheit, um Berge versetzen zu können. Klar sind wir im ersten Moment versucht, die anderen für nicht klasse zu halten. Denn damit glauben wir automatisch, uns nach oben zu pushen. Das ist aber ein großer Trugschluss und damit hauen wir uns nur selbst in die Pfanne. Denn der Gegenüber checkt das sehr wohl, wie du zu ihm stehst und mit ihm umgehst. Das kommt dann nicht so gut an und du kennst doch die berühmte Aussage des Volksmundes

„Wie man in den Wald hineinruft – so schallt es heraus!"

Das ist nicht gut und deswegen solltest du dir im Vorfeld überlegen, wie du anderen Menschen gegenüber trittst. Denn sich vorab Gedanken zu machen, macht sich bezahlt. Ich weiß, es ist nicht immer leicht, denn manchmal ist einem einfach nicht danach.

Wie du bist gegangen, so wirst du auch empfangen

Das ist die berühmte Ausgangsbasis, mit der wir arbeiten. Tue niemandem etwas zuleide, was du auch nicht möchtest. Ist das nicht eine klasse Aussage, ich finde schon und sie hilft. Denn wie oft tendieren wir schnell mal dazu, übers Ziel hinauszuschießen. Das geht rasch und dann kannst du schauen, wie du aus der Nummer rauskommst. Das ist das Thema des sich selbst eine Falle bauen, wo man als erster Kopf voran reinfällt. Ich habe das selbst immer wieder fabriziert, dies war nicht clever von mir. Je schmerzhafter es wurde, desto wilder habe ich es umgesetzt. Eine verrückte

Nummer, welche ich da abgezogen habe. Bis ich es endlich gemerkt habe, was ich da spiele, einfach nur unglaublich.

Manch ein Mensch liegt uns und andere eben nicht

Das ist doch nicht schlimm, wir müssen uns ja nicht mit allen verstehen. Bleiben wir doch cool bei der Sache, dann geht es uns viel besser. Menschen, die mir nicht sympathisch sind, muss ich nicht bis zu mir vorlassen. Wozu denn auch und bekehren zu irgendetwas schon gar nicht. Ich unterscheide da immer mehrere Bereiche. Schauen wir es uns an und du wirst Menschen, die du kennst, schnell einordnen können, was sehr wichtig für deine Zukunft ist.

- Menschen, die neutral sind
- Menschen, mit denen ich Geschäfte mache
- Menschen, die ich mag
- Menschen, die ich spannend finde
- Menschen, die ich liebe
- Menschen, die mir gleichgültig sind
- Menschen, die ich gar nicht mag

Menschen, die neutral sind

Die kennst du bestimmt, das sind Menschen, zu denen wir keinen Bezug haben. Man nimmt diese zur Kenntnis, nimmt sie wahr und das war es schon. Mir geht es so, wenn ich unterwegs bin. Siehe jetzt auf der Rückfahrt von der Schweiz nach Deutschland. Da steigen Menschen ein und aus, manche nimmt man auf und andere, so als ob es sie nicht geben würde. So ist es überall, wo mehr Menschen sich aufhalten. Du weißt nie genau, in welche Richtung es gehen wird.

Menschen, mit denen ich Geschäfte mache

Oder auch umgekehrt, da ist es für mich sehr wichtig, dass Sympathie vorhanden ist und auch ein gemeinsames Ziel angestrebt wird. Was immer nur lauten kann „Zum Wohle aller!" Wenn wir so in das Business, in die Gemeinsamkeit starten, dann liegen wir immer richtig und der Erfolg stellt sich ein.

Menschen, die ich mag

Da kennst du sicherlich auch einige, die sind super, es tut uns gut mit ihnen zusammen zu sein und die Zeit miteinander zu verbringen. Wichtig ist, dass wir uns ein Netzwerk mit diesen Leuten aufbauen. Denn sie tragen uns förmlich in die berühmte Leichtigkeit des Seins. Bei diesen Menschen fällt es uns leicht zu sagen, dass sie klasse sind.

Menschen, die ich spannend finde

Kennst du solche Menschen, von denen eine gewisse Faszination ausgeht? Wo du zwei Mal hinschauen musst und dir überlegst, wie komme ich an die Person näher dran? Was kann und muss ich tun, um möglichst auch die und die Eigenschaften zu gewinnen? Dringliche Fragen, die wir uns da stellen, denn sie helfen uns den Weg zu finden. Was uns fasziniert, damit sollten wir uns intensiv befassen. Denn Inspiration pur ist das, was wir alle brauchen.

Menschen, die ich liebe

Das ist natürlich immer die Krönung im menschlichen Kontakt. Es ist buchstäblich die Königsklasse und davon sollten wir einige haben. Denn sie tun uns richtig gut. Sie beflügeln uns ungemein und geben uns unendliche Kraft und Sonne. Diese Menschen finden wir oberklasse und haben es sehr gerne mit ihnen zu tun. Baue dir eine große Gruppe von diesen Personen auf, denn sie tun dir definitiv super gut.

Menschen, die mir gleichgültig sind

Das gibt es auch, die interessieren uns nicht. Sie tangieren uns in keinster Art und Weise, wir haben mit ihnen nichts am Hut. Sie sind nur da und das war es schon. Hier wollen wir uns nicht weiter aufhalten, sondern beschäftigen uns viel lieber mit all den Menschen, wo wir auf gleicher Wellenlänge sind.

Menschen, die ich gar nicht mag

Ich wollte hier das Wort hassen nicht verwenden, denn wenn ich andere hasse, hasse ich mich selbst, und würde mir nur unnötig schaden. Das wollen wir aber auf gar keinen Fall tun. Zum guten Glück habe ich das komplett abgebaut. Früher hatte ich einige von diesen Menschen, mittlerweile muss ich richtig nachdenken und komme nach längerem Suchen auf niemanden mehr. Sollte sich jemand so entpuppen, gehe ich der Person definitiv aus dem Weg, denn sonst könnte es bald mit meiner großen und unendlichen Gutmütigkeit und meiner Contenance vorbei sein.

Natürlich könnten wir noch mehr Persönlichkeiten fixieren

Ich denke, das reicht aus und das müssen wir auch nicht mehr fixieren. Sollten dir noch andere Typen einfallen, dann nimm sie mit dazu. Wichtig ist für mich in erster Linie, dass ich dabei absolut in mir ruhe und daraus kann ich sehr viel Kraft tanken. Wieso sollte ich mich mit anderen Personen auseinandersetzen. Darin ist ja schon das aus und einander enthalten. Dazu habe ich keine Lust, denn wenn ich das tun würde, kostet es mich Energie und die brauche ich für das eigentliche Leben.

Wen findest du absolut klasse und wieso ist das so

Wenn du jemanden absolut super findest, dann hat das auch immer sehr viel mit dir persönlich zu tun. Es bringt in deinem Inneren etwas zum Klingen und das ist natürlich wundervoll und erstklassig. So heben wir uns auf eine nächsthöhere Stufe hoch. Es gibt immer nur zwei Richtungen, entweder es geht nach oben oder nach unten. Wohin soll deine Reise hingehen? Also, ich achte sehr darauf, dass es nach oben geht und immer dann, wenn ich ein wenig nachlässig werde, finde ich mich schnell wieder unten. Das ist doch blöd, wenn man es aber weiß, kann man ab sofort besser damit umgehen. Schreibe jetzt bitte auf, wen oder was du klasse findest. Das kannst auch du selbst sein. Bitte auch hier nicht lange nachdenken, sondern machen und tun. Dann schreibe auch hin, wieso das so ist und seit wann. Viel Spaß und los geht es.

Ich finde klasse?	**Wieso?**	**Seit wann?**
1.) ____________	____________	________
2.) ____________	____________	________
3.) ____________	____________	________
4.) ____________	____________	________
5.) ____________	____________	________
6.) ____________	____________	________
7.) ____________	____________	________
8.) ____________	____________	________
9.) ____________	____________	________
10. ____________	____________	________

Wie ist es für dich, wie fühlt es sich an, wo du siehst, dass doch einige klasse sind und du mit dazu? Das ist eine super coole Ausgangsbasis, um weiter darauf aufzubauen. Ich liebe es so unterwegs zu sein, was zu bewegen, zum Segen aller Menschen. Natürlich wird nicht jeder das sofort verstehen und begreifen. Manch einer wird lieber warten wollen, halt eben die alte Welt des Warten und Hoffens. Das ist nicht gut, derart unterwegs zu sein. Denn durch diese Einstellung macht man mehr kaputt, als gut. Vor allem lebt man immer in der berühmten Fata Morgana der Hoffnung. Ich mag das nicht, denn Hoffnung allein hat noch nie etwas bewirkt und wird es auch in Zukunft nicht tun.

Darum sei lieber bei dir und schaue dir dein Leben genau an. Was kannst du daraus ableiten, du tun und lass es dir gesagt sein, du kannst sehr viel tun. Unendlich viel sogar, dies musst du einfach nur verstehen und dann leben. Ich bin glücklich und dankbar darüber, dass uns all diese Möglichkeiten zur Verfügung stehen. In jedem von uns ist alles enthalten, wenn wir dazu bereit sind und eine Meisterleistung an den Tag legen. Nicht nur ein wenig rumbasteln, sondern echt etwas tun. Das schafft neue Wirklichkeiten und die können dann wiederum auf uns einwirken. Reduziere es nun auf deine drei stärksten Punkte.

Ich finde klasse?	**Wieso?**	**Seit wann?**
1.) ____________________	____________________	__________
2.) ____________________	____________________	__________
3.) ____________________	____________________	__________

Du bist super, großartig, sage dir das bitte permanent. Das stärkt dich ungemein und bringt dich sehr stark nach vorne. Du weißt doch, wo die Musik gespielt wird, das ist immer vorne und niemals hinten. Du bist wundervoll und wenn du dir das immer wieder sagst, wirst du es am Anfang nicht richtig glauben. Dann geht es immer besser und eines Tages kannst du nicht mehr anders. Das ist der Moment, wo du in die berühmte Zielgerade einbiegst und nochmals richtig Gas gibst. Wenn alle Menschen auf dieser Erde, diese Achtsamkeitsübung leben würden, wie schön wäre dies doch. Reduziere es nun auf das, was du super findest.

Ich finde klasse? **Wieso?** **Seit wann?**

1.) ________________________ __________________ __________

Soll ich dir was sagen, jedes Mal, wenn ich diese Aufgabe zu Papier bringe, sehe ich förmlich, wie du dich da rein schickst und mit Elan alles löst. Das macht mich sehr glücklich, stolz und dankbar. Dass wir gemeinsam den Weg des Erfolges gehen und ich sehe dich schon voll in deiner Souveränität leben. Gelassen stehst du allem gegenüber und ziehst deine Bahnen des Erfolges. Denn durch diese Gelassenheit, verbunden mit Souveränität kommt man im Leben viel weiter. Wer jedoch versucht in Hektik Dinge zu bewegen, macht sich damit das Leben nur unnötig schwer.

Dein Fazit: ____

Verschiebe bitte dein Leben nicht auf morgen

Hast du das verstanden, was dies zu bedeuten hat? Weißt du, so viele Menschen verschieben ihr Leben permanent. Ich bin mir sicher, du kennst auch solche Spezialisten, die so unterwegs sind. Meistens beginnt es mit den einleitenden Sätzen, wenn dies und jenes, dann werde ich, dann tue ich. Das ist absolut verrückt, es immer von irgendetwas abhängig zu machen. Das tut man nicht, du schadest dir am meisten selbst. Ist es das, was du dir vorgestellt hast von deinem Leben? Immer morgen, morgen und nochmals morgen.

Wo könntest du schon sein

Ich stelle mir diese Frage ab und an, wo ich schon sein könnte, wenn ich alles durchgezogen hätte. Dann bleibe ich aber nicht sehr lange in dieser Energie, denn das würde mich nur unnötig nach unten ziehen und da mag ich nicht hin. Das tut mir definitiv nicht gut und wieso sollte ich mich quälen. Dennoch gebe ich es mir ab und an, denn daraus kann ich nur für die Gegenwart, in der ich gerade lebe, lernen. Dass ich nichts mehr verschiebe, sondern lieber gleich handle. Auch du könntest schon viel weiter sein, als es jetzt im Moment gerade der Fall ist.

Weinen und jammern hilft nicht

Ich bin selbst schuld und kann auch niemandem die Verantwortung oder die Schuld weiter geben. Es hat ausschließlich mit mir zu tun. Wenn ich rumschnarchle und nicht in die Puschen komme, ist das mein Problem und unter Umständen sogar ein sehr großes. Man tut das weh es zu erkennen, aber lieber jetzt selbst ein wenig Schmerz zufügen, in dem ich freiwillig in die Überprüfung gehe, als später dann ein Leben lang damit zu hadern. Ich denke, das verstehst du voll und ganz. Wenn wir es dann im Verständnis soweit haben, kann es letztlich nur noch bergauf gehen. Außer ich fange wieder an zu pennen und in der Hoffnung zu leben, dass mir die gebratenen Tauben in den Mund fliegen werden. Sie werden es aber nicht tun, denn gebratene Tauben können ja nicht mehr fliegen. Da nützt das schönste und frommste Wunschdenken nichts.

Dein Leben findet immer nur im Hier und Jetzt statt

Niemals vorwärts und noch viel weniger rückwärts, nur verstehen das die wenigsten Menschen. Auch ich durfte mich lange Jahre dazu zählen. Als ich klein war, sagte ich immer „Wenn ich mal größer bin, dann..........!" Wie geht die Geschichte weiter, kennst du es, sicherlich? „Jetzt wo ich älter bin, bin ich vielleicht schon zu alt oder früher war alles viel besser!" Das ist doof, denn früher war es nicht besser, und wenn ich älter bin, ist es auch nicht besser. So sucht der Mensch für sich immer den richtigen Zeitpunkt und den gibt es eben immer nur jetzt. Es könnte so leicht sein, wenn wir uns auf das tatsächliche Leben konzentrieren würden. Und eben nicht auf das Thema, ich habe recht und die anderen leben im Unrecht. Das ist doof, solch ein Verhalten kann man letztlich nur bescheuert nennen.

Es hängt von gar nichts ab

Verstehst du das, es hängt von weniger als nichts ab. Du bist zuständig und nur du alleine. Denn wenn du es abhängig machen willst von anderen Sachen, wirst du immer das Nachsehen haben. Du wirst förmlich zum Spielball deiner Mitmenschen, wenn die es gut mit dir meinen, dann partizipierst du davon und wenn nicht, leidest du eben. Das ist doch schön, so ohne Verantwortung leben zu dürfen. Das Spiel spielen übrigens ganz viele Menschen und ich finde es nur traurig, wenn ich dann in die vielen frustrierten und teilweise sogar verbitterten Gesichter schauen darf.

Im Wort verschieben ist das Schieben enthalten

Hast du es dir schon mal vorgestellt, wie das ist? Du hast dein eigenes Leben auf den Schultern zu tragen. Dann schiebst du noch die Vergangenheit und womöglich die Zukunft vor dir her. Du wirst bald unter dieser Doppel- oder Dreifachbelastung zusammenbrechen. Wie viele Menschen sind schon unter ihren eigenen Lasten zusammengebrochen? Unzählige und täglich werden es immer mehr. Weil sie es nicht verstehen, im Hier und Jetzt zu leben. Jede Lebensphase hat ihre bestimmten Aufgaben, welche zu erfüllen sind. Wenn du die nicht genau in dem Augenblick erfüllst, dann wirst du es auch nicht mehr nachholen können. Die Last und Bürde bleiben jedoch weiterhin bestehen und dann, wie geht es dann weiter mit dir?

Es wird Zeit wieder in die Schriftlichkeit zu gehen

Schreibe nun bitte alles auf, wo du verschoben hast oder gerade noch am Verschieben bist. Sei bitte absolut ehrlich zu dir selbst und lüge dich nie mehr an. Wer sich selbst anfängt zu belügen, wird es immer wieder tun. Es wird zur Gewohnheit und das kann nur böse enden. Darum heißt es auch hier ganz klar, raus aus der Gewohnheit rein in ein erfülltes Leben. Freue dich gleich loslegen zu dürfen und dir wieder ein Stück näher zu kommen. Je näher du dir kommst, desto klarer wird es und umso mehr verstehst du dich mit all deinen Facetten. Halte jetzt, ohne lange nachzudenken alles fest, was dir zum Thema Verschieberei einfällt und warum das so ist. Es muss, wie es für alles tut, immer eine Begründung geben. Dann bitte auch aufschreiben, seit wann du so unterwegs bist. Eines hat sich immer wieder gezeigt, dass sich manches schon recht lange hält und dabei sehr hartnäckig ist.

Meine Verschieberei?	**Warum?**	**Seit wann?**
1.) ______________________	________________	__________

2.) ______________ ______________ __________

3.) ______________ ______________ __________

4.) ______________ ______________ __________

5.) ______________ ______________ __________

6.) ______________ ______________ __________

7.) ______________ ______________ __________

8.) ______________ ______________ __________

9.) ______________ ______________ __________

10.) ______________ ______________ __________

Wie ist es für dich im Moment, siehst du klarer, was du da alles fabrizierst? Wahnsinn, oder wie wir teilweise unterwegs sind? Dabei kommen wir uns noch cool vor und da frage ich mich oft, aus was für einem Grund? Es ist nicht cool, wenn wir Dinge verschieben. Ich habe darüber ein Buchwerk geschrieben „Verschieberitis – Hast du auch diese schlimme Krankheit!" Letztlich ist es eine echte Krankheit, und die medizinisch Gebildeten unter euch wissen, dass die Endung –itis immer auf einen entzündlichen Prozess hinausläuft, danach wird es schnell chronisch. Das dürfen wir nicht mehr zulassen, dass es soweit kommt. In dem Moment, wo wir in der Schriftlichkeit verweilen, können wir sofort dagegen halten. Weil wir es ja förmlich schwarz auf weiß sehen.

Ja, ich höre sie schon wieder die lieben Mitmenschen „Der hat halt gut reden, hat Glück gehabt, ist schon viel weiter als wir" und weiteres Blabla. Natürlich habe ich Glück, ich habe sogar sehr viel

Glück und daran schaffe ich jeden Tag immer wieder aufs Neue und das ist auch deine Aufgabe. Nicht mehr und nicht weniger, als ständig zu überprüfen, bin ich noch auf dem richtigen Weg. Was muss ich eventuell ändern und ist das, was ich da gerade tue, zum Wohle aller Menschen? Und sicherlich nicht das doofe Spiel von ich will aber recht haben. Wenn du so denkst, ist das ein riesengroßes Armutszeugnis, welches du dir da selbst ausstellst. Wer sich etwas damit auskennt, wird dich gleich durchschauen und dann ist das Spiel sowieso aus.

Es ist immer wieder das Gleiche und dabei auch noch sehr doofe Spiel mit der Verschieberei. Gewöhne es dir an, immer sofort dran zu gehen und Entscheidungen zu fällen. Wenn du das nicht tust, hast du wahrlich im Vorfeld bereits wieder verloren. Weißt du als Verlierer durch die Welt zu gehen, ist definitiv nicht klug. Jeder Mensch ist ein Gewinner, davon bin ich 100%-ig überzeugt, nur die wenigsten leben jedoch in diesem Stil. Wieso tun sie das? Weil sie aufgrund ihrer Konditionierung so festgefahren sind und da alleine fast nicht mehr rauskommen. Das halte ich für äußerst bedenklich und da ist definitiv Handlungsbedarf angesagt. Lass dir helfen, das ist keine Schande. Mehr darüber im Kapitel „Lasse dir doch endlich helfen!" Reduziere es jetzt bitte auf die drei größten Verschiebereien von dir.

Meine Verschieberei?	**Warum?**	**Seit wann?**
1.) ______________________	________________	__________
2.) ______________________	________________	__________
3.) ______________________	________________	__________

Merkst du, wie viel Kraft da drinsteckt, wenn man erstmal anfängt, die eigenen Themen aufzuschreiben? Ich bin immer wieder verblüfft, was da alles so geht. Es ist faszinierend und das ist auch der Hauptgrund, wieso wir es immer wieder aufschreiben. Nicht nur aus Langweile oder wie jüngst ein Seminarteilnehmer meinte aus Schikane. Das liegt mir weit entfernt, wieso sollte ich mit so etwas operieren? Also passe daher gut auf dich auf und gehe immer den Königsweg, der da lautet „Lasse dir helfen und erledige alles sofort, was wichtig ist für dein Leben!“ Unwichtiges kann man sofort in den Mülleimer werfen, wieso sich damit belasten.

Das Erstaunliche dabei ist immer wieder, was wirklich wichtig ist, ist selten dringend. Und das, was dringend scheint, ist selten wichtig. So schließt sich dann der Kreis und wenn wir uns wirklich an die Wilfried-Pareto-Regel von 20=80 halten, liegen wir richtig. 20% Aufwand bringen 80% Ergebnisse und wir wären und sind verrückt, wenn wir es wie die meisten Menschen umgekehrt machen. Das bringt gar nichts, im Gegenteil, das beschäftigt und belastet uns nur unnötig. Es ist wie häufig im Leben, wir haben uns zu wenig mit dem Thema befasst und dann wissen wir nicht, wie es geht. In dem Moment, wo du anfängst, dir die Regeln des erfolgreichen Lebens anzuschauen, verändert sich als Erstes deine Einstellung und kurze Zeit später deine Ergebnisse. Das ist gar nicht so kompliziert, wie es den Anschein hat. Es ist viel schwieriger sich nicht auszukennen und dann zu versuchen, über die Runden zu kommen. Reduziere es nun auf deinen Hauptpunkt der Verschieberei. Darin erkennst du klar, dass du letztlich immer wieder in die gleiche Falle reinläufst.

Meine Verschieberei?	**Warum?**	**Seit wann?**
1.) ______________________	________________	___________

Wieder geschafft und neue Erkenntnisse gewonnen, wie wundervoll und schön ist doch das Leben, welches daraus resultiert. Ich für mich liebe es unendlich, jeden Tag neue Erkenntnisse gewinnen zu dürfen. Das ist der eine Teil meines Lebens, dann folgt der zweite, welcher genauso wichtig ist. Das was ich da alles gelernt habe, in die Tat umzusetzen. Sonst bleibt es doch, wie es ist und das ist wahrlich nicht erbauend. Das ganze Leben ist in alle Richtungen immer Veränderung, und nur wenn wir offen dafür sind, gelingt es uns auch den Spagat zwischen Gewohnheiten und dem, was zu tun ist zu bewältigen. Wenn wir das schaffen, erleben wir ein tiefes Glücksgefühl

Dein Fazit: ____

Arbeite an deinem Lebenswerk

Kennst du dein Lebenswerk, kennst du deine Berufung? Weißt du wie man damit umgeht, um aus seinem Leben ein Meisterwerk zu machen? Die meisten Menschen und das sind gut 98% kennen es nicht und das finde ich unendlich schade und traurig. Deswegen stehen sie am Ende ihres Lebens vor dem buchstäblichen Ende. Auf die Frage, was war super in deinem Leben, wo hast du Herausragendes geleistet, erlebt, schleicht sich eine große Traurigkeit ins Gesicht und ein Kopfschütteln unterstützt das Ganze noch.

Wenn du am Ende deines Lebens Bilanz ziehst

Wie fällt diese aus, was müsstest du dazu aus heutiger Sicht sagen? Könntest du stolz auf dich sein und dabei voller Überzeugung sagen

- „Ja ich habe voll und ganz gelebt........!"
- „Ja, ich habe alles getan, was ich tun wollte......!"
- „Ja, ich habe des Öfteren über die Stränge gehauen......!"
- „Ja, ich habe das Kind in mir immer gelebt......!"
- „Ja, ich war in jeder Hinsicht verrückt.......!"
- „Ja, ich habe Partnerschaften geführt, die mich bereichert haben und es noch immer tun......!"
- „Ja, ich bin ein glücklicher, lebensbejahender und positiver Mensch.........!"

Wenn du das alles mit ja beantworten kannst, herzlichen Glückwunsch. Du bist ein wahrer Meister deines Lebens. Nur so schaut es bei den wenigsten aus und das finde ich unendlich traurig, bei der Endabrechnung auch recht hart. Schauen wir uns die einzelnen Positionen an. Weißt du, wieso wir das machen, damit du es erkennen kannst und daraus womöglich die Chance ergreifst, da du ja noch nicht am Lebensende angelangt bist, die Kurve zu bekommen. Um endlich das Leben zu leben, von dem du schon immer geträumt hast. Da bin ich mir auch sicher, dass das für dich eine riesige Arbeit ist, um dahin zu gelangen. In dem Moment, wo du es weißt, kannst du dich darauf konzentrieren und mit Vollgas unterwegs sein. Also ein wunderschönes Ergebnis aus diesem Verhalten, du brauchst dich auch nie mehr mit anderen Menschen dahin gehend zu beschäftigen, dass du ihnen deine Sicht der Dinge überstülpen musst. Du kannst in dieser Kraft, das eigene Leben zu leben, darauf verzichten, deine Rechthaberei ausleben zu müssen.

„Ja ich habe voll und ganz gelebt……………!"
Kannst du das echt von dir sagen, dass du dich jederzeit voll und ganz gelebt hast? Bitte sei dabei auch ehrlich, denn der Mensch tendiert schnell mal dazu, ja zu sagen, ohne es genau zu überprüfen. Schaue bitte hin und mache auch keine Augenwischerei mehr. Ziehe dabei gleich deine rosarote Brille aus. Du sollst die Dinge nicht verklärt sehen, sondern so wie sie wirklich sind. Denn nur das bringt dich zu deinem selbst bestimmten und erfüllten Leben. Ein Leben, welches erfüllt ist, ist einfach das schönste, was wir uns wünschen können.

„Ja, ich habe alles getan, was ich tun wollte……..!"
Kannst du das sagen, ich glaube nicht. Wenn ich dann die Menschen frage, wieso sie sich nicht voll und ganz leben oder gelebt haben, erhalte ich in der Regel jede Menge Alibigeschichten und Opferstorys. Unglaublich, was der Mensch imstande ist, alles aufzutischen. Welch eine Kreativität da zutage gefördert wird, ich bin immer wieder fasziniert darüber, dies zwar im negativen Kontext, aber immerhin. Dabei frage ich mich dann, wieso ist der Mensch nicht imstande, all diese Energien für das Positive zu bündeln? Da hätte er doch wahrlich viel mehr davon. Ich lege es dir sehr ans

Herz, tue alles, was du schon immer tun wolltest, denn es kommt wahrlich der Tag, an dem du nichts mehr tun musst, weil du es eben nicht mehr kannst.

„Ja, ich habe des Öfteren über die Stränge gehauen……!“
Wenn ja, dann gratuliere ich dir dazu. Das ist wichtig, dass wir immer wieder unvernünftig sind. Wieso sollten wir todernst durchs Leben laufen? Kennst du auch solche Menschen, die das Tag für Tag tun? Ganz bestimmt und wie kommt das rüber? Doch nicht gut, wenn wir immer nur einen auf seriös machen. Was ist das für ein übles Spiel und frage dich öfters, wer hat dir das beigebracht?

„Ja, ich habe das Kind in mir immer gelebt……!“
Hier wird es für mich meist traurig, denn in jedem Erwachsenen steckt noch das Kind. Wir sollten unbedingt darauf achten, dass wir dieses Kind von Zeit zu Zeit rausholen und es leben. Nur das hat man uns versucht abzugewöhnen, durch die Erwachsenen, die Lehrer, Eltern, Freunde, Kunden, Gesellschaft, Bekannte und viele mehr. Sie versuchen alle einen auf seriös zu machen. Wie verrückt ist denn das, ich bin glücklich darüber, mein Kind in mir zu leben und nicht nur in mir, sondern auch nach außen. Die Begeisterung eines Kindes in sich zu spüren und derart durch die Welt zu gehen, ist wundervoll. Meine liebe Mutter fragt mich heute noch teilweise, wann ich denn endlich erwachsen werde?

„Ja, ich war in jeder Hinsicht verrückt.....!“
Das wünsche ich dir von ganzem Herzen, dass du wirklich verrückt bist. Verrückt heißt, dass du Dinge machst, die man normalerweise nicht tun sollte. Du machst sie dennoch, wichtig ist natürlich niemanden damit zu verletzen oder gegen geltendes Recht zu verstoßen. Das ist dabei die Grundvoraussetzung, dazwischen gibt es aber so viele Möglichkeiten, wo du dich in alle Richtungen voll und ganz ausleben kannst und das solltest du auch tun. Denn

das Leben ist wahrlich viel zu kurz, um nur ein wenig auf dem berühmten Stängelchen zu sitzen und zu warten. Haue über die Stränge lasse es krachen, als wäre dein letzter Atemzug im Anmarsch.

„Ja, ich habe Partnerschaften geführt, die mich bereichert haben und es noch immer tun...!"
Auch das wünsche ich dir, dass du dich voll und ganz lebst. Wenn ich da viele Menschen anschaue, erstens haben sie gar keine Partnerschaft, oder eine, die sie alles andere als glücklich macht. Das kann es nicht sein, wieso gehen wir nur so durchs Leben? Das Leben ist doch ein Traum, ist Fülle und genau das wollen wir leben. Du hast das Anrecht auf eine wundervolle und glücklich machende Beziehung.

„Ja, ich bin ein glücklicher, lebensbejahender und positiver Mensch...!"
Auch das solltest du bitte leben, denn dein Leben ist viel zu wertvoll, um es schlecht verbringen zu wollen. Wozu denn auch, wie kommt ein Mensch nur dazu, das Gegenteil davon zu sein? Ich verstehe es leider nicht, denn wenn du fröhlich und aufgestellt bist, hast du eine wesentlich bessere Ausgangsbasis, um erfolgreich durchs Leben zu marschieren.

Was ist denn ein Lebenswerk

Ein Lebenswerk ist etwas Großes, was über deinen Tod hinaus Bestand hat. Denn sonst wird es dir so ergehen wie den meisten, sie sterben und das war es dann. Es wächst buchstäblich Gras über die Sache. Das macht mich sehr traurig, denn in jedem Menschen ist unendlich viel verborgen. Wie kann man da nur soweit unter seinen Möglichkeiten leben. Das sollte man nicht tun und deswegen freue ich mich sehr, dass du bereit bist, hier einen anderen Weg einzuschlagen. Ein Lebenswerk, welches dein Leben überdauert und weit über deinen Tod hinaus Bestand hat.

Hast du dein Lebenswerk bereits gefunden

Wenn ich das die Menschen frage, schauen mich viele ganz entgeistert an, so als käme ich von einem anderen Planeten. Das ist verrückt zu leben, ohne sich darüber auch nur im geringsten Gedanken zu machen. Gut, jetzt könnte ich dir zugute halten, dass du keine Ahnung hast. Man dir nichts davon gesagt hat, weder deine Eltern noch die Schule. Dann könnte ich wieder antworten, du hast dir die falschen Eltern ausgesucht und die Schule war genauso falsch. Nur so kommen wir aber nicht weiter. Es ist letztlich auch egal, woher du kommst und was du erlebt hast. Viel wichtiger ist in dem Zusammenhang, wohin deine Reise geht. Was hast du vor, wie kommst du deinem Lebenswerk sehr nahe?

Passives Einkommen gehört in die gleiche Familie

Denke bitte daran, dass es kaum ein schöneres Einkommen gibt, als das passive. In der Regel verkaufst du immer deine kostbare Lebenszeit gegen Geld und das Geschäft kannst du nur verlieren. Darum hüte dich davor, derart unterwegs zu sein. Ich weiß, Otto Normalbürger tickt so und hat es auch hier wiederum nicht anders gelernt. Als eine Lehre zu machen, zu studieren, 40 Jahre durchzuhalten und dann die Rente zu genießen. Ich behaupte das mag früher mal ganz nett gewesen sein, ist aber sicherlich nicht mehr up to date. Darum ist es wichtig, dass du dir ernsthaft überlegst, welche Änderungen du einleiten kannst. Ein regelmäßiges Einkommen sein Eigen zu nennen, wo du nicht mehr direkt arbeiten musst. Wie wundervoll ist denn die Nummer, hast du dir das schon jemals überlegt?

Was ist dein Lebenswerk, oder was könnte es sein

Wir beschäftigen uns jetzt gleich mit deinem Lebenswerk oder deinen Lebenswerkvorstellungen. Eines meiner Lebenswerke ist die Crameri-Naturkosmetik, die auch nach meinem Ableben noch viele Hunderttausende Kunden erfreut. Dann auch meine Bücher, Hörbücher und vieles mehr. Es ist wirklich ein klasse Gefühl, das in sich zu spüren, dass man ein Lebenswerk geschaffen hat. Dies tut unendlich gut und es gibt einem auch eine große innere Zufriedenheit, verbunden mit viel Dankbarkeit. Schreibe nachfolgend auf, was dein Lebenswerk sein könnte, wieso du das glaubst und wann du loslegen wirst. Solltest du es schon getan haben, dann herzlichen Glückwunsch. Fülle es dennoch aus, denn man kann ruhig mehrere Lebenswerke auf- und ausbauen.

Mein Lebenswerk?	**Wieso?**	**Wann?**
1.) ______	______	______
2.) ______	______	______
3.) ______	______	______
4.) ______	______	______
5.) ______	______	______
6.) ______	______	______
7.) ______	______	______
8.) ______	______	______
9.) ______	______	______
10. ______	______	______

Wie ist es für dich, wie fühlt sich das an? Ist doch super? Ich liebe es sehr und arbeite fleißig daran, meine Lebenswerke weiter auszubauen. Jeden Tag ein wenig mehr, um auch der Nachwelt etwas zu hinterlassen. Weißt du, wie wundervoll das ist? Es ist in der Tat das Größte, was du als Mensch überhaupt nur machen kannst. Dafür lohnt es sich jeden Tag aufzustehen und immer wieder aufs Neue zu beginnen. Stück für Stück weiter zu machen, wohl wissentlich, dass es eines Tages gelaufen sein wird. Solltest du Kinder haben, dann ist es sowieso unendlich spannend, auch für sie etwas zu hinterlassen.

Denke bitte daran, dass dein Lebenswerk dir gehört und du es nicht duldest, dass dir da jemand rein quatscht. Das geht nicht, obwohl es Menschen gibt, die das gerne versuchen. Sei standhaft und rücke nicht von deinem Standpunkt ab. Das muss nicht sein und es würde dir auch nicht guttun. Es schwächt ungemein und das darf nie mehr passieren. Wir wollen weiter kommen und viel bewegen, in der Freude und im Spaß. Alles andere ist nur vergeudete Lebenszeit, die nie mehr zurückgeholt werden kann. Reduziere es jetzt bitte auf deine drei größten Lebenswerke oder auf das, was dir am meisten Spaß machen könnte.

Mein Lebenswerk?	**Wieso?**	**Wann?**
1.) ______________________	__________________	_________
2.) ______________________	__________________	_________
3.) ______________________	__________________	_________

Wie ist es jetzt für dich, wie fühlt es sich an? Merkst du wie du durch die Aufzeichnungen an Kraft gewinnst? Das ist doch klasse und zugleich sehr stark. Du kannst es, hast es bereits in dir. Lebe es, nutze es und tue es ohne lange zu überlegen. Du kennst es doch, wer zu viel nachdenkt, hat bereits im Vorfeld verloren. Du darfst dich nie mehr zu den Verlierern zählen. Das hast du nicht nötig, das brauchst du nicht. Denn du bist so großartig und diese Großartigkeit gilt es zu leben, im Hier und Jetzt. Viele Menschen warten damit immer, verschieben es auf irgendwann und sind dann erstaunt, wenn es das gar nicht mehr zu erleben gibt. Weißt du wie unendlich traurig das wird, wenn du eines Tages vor deinem Leben stehst und dir sagen darfst, das war es jetzt. Ich weiß, ich wiederhole mich, es ist aber wichtig, es immer wieder anzuschauen, zu verstehen, um ja nicht in die berühmte selbstgebaute Falle rein zu donnern. Reduziere es nun bitte auf dein Hauptlebenswerk, wo und wofür bekommst du Herzklopfen?

Mein Hauptlebenswerk?	**Wieso?**	**Wann?**
1.) ______________________	________________	________

Klasse, nun bist du dir ein Stück näher gekommen. Ich hoffe du spürst in dir einen großen Auftrieb und nutzt das Potential auch, welches sich für dich auftut. Du musst es tun, du bist für dich und dein Leben verantwortlich. Das muss dir klar sein, nur du alleine kannst es ändern und so managen, dass es dir richtig gut geht.

Ihr Fazit: ____

Nicht zaudern und zögern

Oh Mann, kennst du auch diese Situation? Es wäre zu ändern, es wäre zu richten und wir tun es nicht. Wir zaudern und alleine durch dieses Zaudern und Zögern, wird es nur noch viel schlimmer. Denn tief in uns drin, spüren wir, dass es zu einer Veränderung kommen muss und wir machen es aber nicht. Wie verrückt ist solch eine Vorgehensweise? Tja, so ist der Mensch eben. Das, was er tun müsste, tut er häufig nicht und das, was er nicht tun sollte, macht er. Komisch, komisch das Ganze und dennoch menschlich. Aber nicht unbedingt entschuldbar, denn oft sind es dann genau die Leute, die sich bitterlich beklagen, wie ungerecht die Welt ist. Dabei haben sie diese Ungerechtigkeit selbst fabriziert, das ist alles.

Woher kommt dieses Phänomen

In der Regel aus der Angst, Angst etwas falsch zu machen. Angst sich zu blamieren, das finde ich sowieso immer die härteste Nummer. Nur wenn du das kannst und hier auch über den Dingen stehst, liegst du vollkommen richtig. Also gib echt Gas und blamiere dich am laufenden Band. Mache es ohne lange nachzudenken, du erinnerst dich, wie ich zum Nachdenken stehe? Gar nicht, denn das Phänomen denken blockiert die freie Bahn der Handlungen. Immer dann, wenn ich in meinem Leben viel nachgedacht habe, ging es nicht voran. Seitdem habe ich es mir zur absoluten Maxime gemacht.

„Just do it!"

Das ist mein Leitspruch und dieser ist genial. Er hilft uns schnell voranzukommen und viel Erfolg und Spaß zu haben. Nun kommen die gesamten Perfektionisten mit ihrem, das kannst du doch nicht machen. Was könnten die anderen Menschen denken und so sind wir wieder im Bereich des sich blamieren Könnens.

Tue es einfach und dann tue es wieder

So baut es sich für mich auf, immer und immer wieder. Am Anfang tun wir uns ein wenig schwer, im Laufe der Zeit wird es aber immer besser und besser. Dann kommt der Moment, wo wir gar nicht mehr anders können. In dem bin ich angelangt, ich muss es einfach tun. Je öfters ich es tue, desto mehr Spaß habe ich auch in meinem Leben. Natürlich setze ich damit auch so manches in den Sand, na und? Wo ist das Problem, je mehr ich in den Sand setze, desto stärker bleiben die Dinge übrig, die echt gut sind und um die geht es schlussendlich. Nur Otto Normalbürger fürchtet sich vor all diesen Dingen und macht lieber nichts. Wie verrückt muss man da sein, um so etwas zu tun? Also machen und tun, machen und tun und dann nochmals und nochmals, so ziehst du es bis an dein Lebensende durch.

Zaudern tun nur die Menschen, die unsicher sind

Alle anderen machen einfach, das ist der ganz große Unterschied. Wann bist du unsicher, immer dann, wenn du nicht genau weißt, was du willst und wohin deine Reise gehen soll. In dem Moment, wo du es genau festgelegt hast, funktioniert es auch. Aber wir brauchen alle ein klares Ziel vor Augen. Müssen wissen, wohin die Reise geht und sollten auch die eine oder andere Schwierigkeit oder Problematik, die dabei entstehen könnte, gelassen anschauen und entgegen treten. Nur nie in Panik verfallen, denn die verengt den Fokus ungemein und das können wir definitiv nicht gebrauchen. Angst und Panik macht so sehr eng und wenn wir dabei den klaren Blick verlieren, verlieren wir buchstäblich alles. Darum zaudere einfach nie mehr, im Gegenteil ruhe ganz fest in dir und das Leben wird dir zuteil. Es gibt dir viel mehr von dem, was du gerne haben möchtest.

Zögern führt zum Crash

Denke nur einmal an die Situation, du kommst mit dem Auto gefahren, dann ist vor dir in einer Kurve ein Stauende. Was kannst du jetzt noch lange überlegen? Du darfst nur noch eines machen, voll in die Eisen zu steigen und die Karre mit aller Wucht zum stehen zu bringen. Leider machen dass die meisten nicht und darum passieren immer wieder so viele Unfälle. Weil man dabei zögert. Was kann schon passieren, wenn man voll in die Eisen steigt? Doch gar nichts, weniger als nichts und daher nutze es für dich. Nicht mehr zu zögern, sondern voll und ganz rein und drauf. Es ist wie mit allem im Leben, immer eine reine Trainingsgeschichte. Am Anfang unsicher und teilweise auch schwer, danach wird es zur absoluten Gewohnheit, so als ob du noch nie etwas anderes gemacht hast.

Sei stolz auf dich, dass du anders bist als die anderen

Das wünsche ich dir, sei stolz, richtig stolz und es verändert deine Welt auf wunderschöne Art und Weise. Am Anfang nur ein wenig und dann wird es immer stärker und stärker. Mit Stolz lässt sich weitaus mehr bewegen. Du bist ein Teil der Bewegung, das darfst du niemals vergessen. Nur was in Bewegung ist, ist auch gesund und vital. Alles, was staut, wirkt sich schädlich aus und hindert dich letztlich das Leben zu führen, welches du doch führen könntest. Stolz hat nichts mit Überheblichkeit zu tun. Einfach tief im Inneren stolz auf sein Leben, auf das, was man schon alles gemeistert hat und noch meistern wird.

Schreibe jetzt bitte auf, wo du überall zauderst und zögerst

Ich weiß, vielleicht nicht gerade solch eine lustige Aufgabe, aber eine wichtige. Denn sie führt dich noch näher zu dir und deinem Selbst. Je mehr du dich kennst, desto leichter und besser weißt du, wie du tickst. Der Weg zu sich selbst ist einfach der Größte, längste und auch beschwerlichste. Denn wir tendieren immer dazu, im Außen zu suchen und nicht in uns drin. Dabei liegt das Glück in uns selbst verborgen. Dort haben es die Götter versteckt, damit es nicht so schnell gefunden wird. Und genau das hat auch super funktioniert. Schreibe jetzt auf, wo du zauderst und zögerst. Dann wieso das so ist, denn es gibt ja für alles auch eine Begründung. Diese ist sehr wichtig, dass wir sie herausfinden. Denn daraus ableitend, können wir in die Veränderung gehen. Halte ebenso fest, seit wann das der Fall ist. Denn manches hält sich doch relativ aufwendig und seit Ewigkeiten.

Mein Zaudern und Zögern?	**Wieso?**	**Seit wann?**
1.) ____________________	____________	____________
2.) ____________________	____________	____________
3.) ____________________	____________	____________
4.) ____________________	____________	____________
5.) ____________________	____________	____________
6.) ____________________	____________	____________
7.) ____________________	____________	____________
8.) ____________________	____________	____________
9.) ____________________	____________	____________
10. ____________________	____________	____________

Wie ist es jetzt für dich, wie fühlt es sich an? Geht es dir gut damit, beflügelt es dich oder ist eher das Gegenteil der Fall, die Bestürzung? Alles ist möglich und je genauer wir hinschauen, desto klarer wird es uns. Darum hier diese weitere Aufgabe, auf dem Weg zur Selbsterkenntnis. Wenn ich solche Übungen mache, höre ich häufig „Ja, aber bei mir ist das alles ganz anders...........!“ Da muss ich herzhaft lachen, was die Leute wieder irritiert. Wieso ist bei dir alles ganz anders, das verstehe ich nicht? Bei dir ist es so, wie bei allen anderen Menschen auch. Wir glauben nur, dass es bei uns schwieriger ist, weil wir dies, das und jenes haben, welches das Ganze erschwert. Das ist doch ein wahrer Blödsinn, dies zu behaupten. Du bist es, du machst es dir schwer. Doch niemand anderes, und deswegen bleibe bitte ab heute cool und sage dir immer, vor mir haben es Millionen von Menschen durchgestanden und nach mir sind es genauso viele.

Sehe dich bitte immer als ein Teil des Ganzen und damit lebst du ruhiger und souveräner. Nur über diese Souveränität erhältst du auch die Kraft aus dir heraus, es zu meistern. Aber wirklich alles mit großer Bravour zu vollbringen und zu vollenden. Nutze bitte da dein innewohnendes Potenzial, zum Wohle aller. Aber bitte nicht nur einmal, sondern Tag für Tag. Du kennst doch bestimmt auch was Spitzensportler machen? Die üben auch nicht einmal im Jahr, sondern Tag für Tag, wohl wissentlich, dass es sonst nicht ausreicht. Also mache es ihnen nach und der Sieg, die Erfolge sind dir gewiss. Nun reduziere es auf deine drei stärksten Aspekte.

Mein Zaudern und Zögern?	Wieso?	Seit wann?
1.) ____________________	____________	____________
2.) ____________________	____________	____________
3.) ____________________	____________	____________

Wie ist es jetzt für dich, wie fühlt es sich an? Komisch irgendwo, wenn man das plötzlich wahrnimmt. Also für mich ist es immer wieder erstaunlich, was sich manchmal einschleicht, wenn man nicht aufpasst. Das wäre doch ein Stoff gewesen, den man uns hätte in der Schule beibringen können. Stattdessen mussten wir alle

Schweizer Pässe auswendig lernen. Wie viele Kurven, wie hoch die Passhöhe, wie die einzelnen Orte heißen, welcher Fluss da entspringt und mit welcher Fließgeschwindigkeit das Wasser letztlich in irgendein Meer mündet. Wahnsinn und das alles hat mich sehr weit gebracht. Mich in meinem beruflichen Leben sehr unterstützt und auch ein hohes Einkommen beschert. Natürlich nicht, es war für mich nur verlorene Zeit.

Und jetzt müssen wir uns im vorgerückten Alter mit dem Thema umso intensiver befassen. Nicht gerade ein leichter Aspekt, welcher da zum Tragen kommt. Ohne Zaudern und Zögern wären wir doch alle schon viel weitergekommen. Schade auf der einen Seite, aber was bringt es über die Vergangenheit zu lamentieren? Diese ist vorbei und wird nie mehr kommen. Darum ist es wichtig, dass wir jetzt auf uns aufpassen, es nicht wieder so weiter geht, wie es war. Wenn wir da das Hauptaugenmerk drauflegen, geht es uns wesentlich besser und wir gelangen zu neuen Ufern. Reduziere es bitte auf deinen Hauptpunkt. Wo liegt deine größte Zaudereri und auch das Zögern? Wie sagt der Volksmund dazu so schön, Gefahr erkannt, Gefahr gebannt.

Mein Zaudern und Zögern?	**Wieso?**	**Seit wann?**
1.) ______________________	____________	____________

Gib dir bitte die nächsten paar Wochen die Chance, dass du dich ausnahmslos darauf konzentrierst, bei allem, was anfällt, sofort loszulegen. Gleich eine Entscheidung zu treffen, denn dadurch fühlst du dich richtig im Flow. Das ist die berühmte Leichtigkeit des Seins. Wenn du dein Hauptzögern eliminiert hast, nimmst du dir die nächsten Punkte auf deiner Liste vor. So schaffst du dich langsam, aber sicher nach vorne.

Dein Fazit: ____

Du hast kein ewiges Leben

Das ist mir nochmals sehr wichtig, näher auf das Thema einzugehen. Viele Menschen leben doch tatsächlich so, als hätten sie ein ewiges Leben. Als würde dieses Leben nie zu Ende gehen und genau so leben sie in den Tag hinein. Passend auch zum vorherigen Kapitel, des Zaudern und Zögerns. Alleine daran kannst du schon erkennen, auf welchem Blindflug sich die meisten befinden. Das ist doch verrückt, so unterwegs zu sein. Denn der Tod wird auch zu uns kommen und uns mitnehmen. Wir werden sicherlich nicht danach gefragt, ob wir bereit sind oder Lust darauf haben.

Unsere Lebensuhr tickt unaufhörlich

Hörst du sie überhaupt, ist dir das auch bewusst genug? Hast du es tief in dir verankert oder gehörst du zu der großen Masse, die das ignoriert? Wie kommt das überhaupt, frage ich mich immer wieder? Das hat wohl damit zu tun, dass wir nicht gerne über den Tod sprechen. Er ist bei uns ziemlich tabuisiert. Man weiß, dass es ihn gibt und dann lassen wir ihn buchstäblich aus den Augen. Bis er dann wieder mal in den eigenen Reihen einschlägt und einen uns geliebten Menschen mitnimmt. Da erschrecken wir, das ist für uns grausam und schrecklich. Wir befürchten, dass wir die nächsten sein könnten. Wenige Zeit später ist dann schon wieder daily business angesagt.

Sei bitte wachsamer

Darum möchte ich dich aus tiefstem Herzen bitten, denn wenn du es nicht bist, wirst du zwangsläufig sehr unsanft erwachen und dann ist das Entsetzen groß. Es geht jetzt sicherlich nicht darum, in Panik zu verfallen und den Tod permanent vor Augen zu haben. Das Thema ist nur, dass wir anfangen uns auf das Wesentliche zu konzentrieren. Auf das, was uns gut und wichtig ist, dadurch das Unwichtige weglassen. Dazu gehört auch das Thema dieses Buches hier. Ich muss schon lange nicht mehr recht haben. Seit ich das abgelegt habe, lebe ich besser und ruhiger.

Man kann doch nicht immer wegschauen

Das höre ich häufig, dass man das eben nicht kann und tun sollte. Wer sagt denn so etwas? Kein Mensch hat gesagt, dass wir wegschauen. Wir schauen immer hin, der Unterschied dabei ist nur, wir gehen da nicht mehr rein und führen auch keine Grundsatzdiskussionen. Weiteres darüber im gleichnamigen Kapitel, denn diese führen ins Nichts. Wir müssen nicht überall draufhüpfen, wie es der Volksmund treffend sagt. Das macht nicht nur unschön, sondern auch alt. Dieser ewige Zank und die Disputiererei, kennst du das auch? Bestimmt und das ist so etwas von unklug. Nimm es zur Kenntnis, wenn es dich direkt tangiert, dann frage dich, schadet es mir, muss ich da einschreiten? Wenn ja, tue es, wenn nein, lasse es und gehe deines Weges.

Der Tag müsste viel mehr Stunden haben

Ich weiß, und weißt du was, wenn deine Tage viel mehr Stunden hätten, würde es dir auch nicht reichen. Das ist doch immer die gleiche, unkluge Situation. Wir haben satte 24 Stunden zur Verfügung. Das ist super und was wir daraus und damit alles machen können. Das funktioniert aber nur, wenn es uns auch richtig bewusst ist und wird. Der Unterschied von Erfolgreichen zu nicht Erfolgreichen ist simpel. Der Erfolgreiche packt viel mehr in seinen Tag hinein und der Erfolglose dümpelt vor sich hin und lebt dabei in der Hoffnung, dass es schon werden wird. Er hält sich viel zu lange mit einzelnen Positionen auf. Das ist schlimm, wenn man das macht. Wir sollten uns angewöhnen, dass wir für jede Arbeit, einen bestimmten Zeitwert vergeben. Das heißt, dies ist dann der Zeitrahmen, in dem wir die Aufgaben erledigen. Es hat sich gezeigt, dass dadurch weitaus mehr erledigt und getan wird.

Wir sind mitten im Leben

Das, was man uns versucht hat beizubringen, zuerst zu üben und dann geht es los, gilt für das Leben in Art und Weise. Unser Leben ist sofort die Uraufführung, wir können nicht ein halbes Jahr proben, um dann das restliche halbe Jahr perfekt zu leben. Wir sollten immer richtig ins Leben einsteigen. Jeder Tag ist Leben und nicht irgendwann. Genau solch ein Irrsinn ist das Thema „Wenn wir dann in Rente sind, genießen wir das Leben!" Hallo, woher willst du überhaupt wissen, ob du da jemals hinkommst? Wie kann man nur solch einen Blödsinn denken und glauben? Das ist im höchsten Maße dumm und gefährlich. Weißt du denn nicht, dass man das Leben jeden Tag genießen kann? Doch ich gehe davon aus, dass du davon bereits gehört hast. Das reicht aber bitte nicht aus, du musst es auch leben.

Morgen, morgen und nochmals morgen

Klar, das ist die einfachste Form sich durch das Leben zu mogeln, dies wird aber nicht aufgehen. Du schiebst ja nur und je stärker du schiebst, je mehr du dich daran gewöhnst, desto mehr wird es zu einem Teil in deinem Leben. Aus dieser Nummer kommst du fast nicht mehr heraus. Also nicht schieben, sondern gleich in die Hände nehmen, anschauen und dann verarbeiten oder ab in die berühmte Tonne. Das kennst du doch auch, vieles ist wahrlich kein Thema, wir brauchen es nicht. Wozu denn auch, die grundsätzliche Frage, welche sich hier permanent stellt, wozu soll es mir und anderen Menschen dienen? Wenn du derart vorgehst, erhältst du zügig eine gute und positive Antwort darauf.

Das Leben ist immer nur heute

Oh Mann, hier darf ich mich immer mal wieder an die eigene Nase fassen. Denn ich tendiere dazu, zwar im Heute zu leben aber die Gedanken sind weiter vorne in der Zukunft. Das ist nicht gut, denn dadurch zerstöre ich mir immer die Gegenwart und die brauche ich, um zu leben. Wenn ich das auf den Seminaren erwähne, höre ich häufig „Ist doch logisch!" Richtig, es ist so etwas von logisch und was macht ihr daraus? Wie geht ihr damit um? Hier stellen sich dann die großen Fragen und es zeichnen sich schnell jede Menge Schwachstellen ab. So simpel ist es doch nicht, im Gegenteil. Denn sonst würde es ja jeder meisterlich beherrschen und hätte wesentlich mehr Lebensfreude.

Halte jetzt bitte deine Gedanken dazu fest

Ich bin mir ganz sicher, dass jetzt in deinem Kopf etliche Gedanken rumschwirren und mit denen wollen wir uns nun beschäftigen. Du kennst es bestimmt auch, wenn man die Dinge nicht sofort erledigt, aufschreibt und damit fixiert, wird es nichts. Das ist äußerst unangenehm und darum schenken wir es uns sofort, in dem wir es schriftlich fixieren. Das kannst du übrigens auch bei all deinen anderen Unternehmungen tun. Damit verändert sich deine Welt zum Positiven und das brauchst du auch. Leider sind wir alle, na ja, fast alle auf das Negative fixiert, dass wir dabei das Positive verlieren, wenn wir nicht aufpassen. Lege jetzt bitte gleich los und nimm deine Gedanken so, wie sie gerade kommen. Bitte einfach ohne Zensur, denn die bringt hier gar nichts.

Meine Gedanken?	**Wieso?**	**Tun?**
1.) ______________________	________________	________
2.) ______________________	________________	________
3.) ______________________	________________	________
4.) ______________________	________________	________
5.) ______________________	________________	________
6.) ______________________	________________	________

7.) ______________________ ________________ ________

8.) ______________________ ________________ ________

9.) ______________________ ________________ ________

10. ______________________ ________________ ________

Wie ist es für dich, wie fühlt es sich an, wie gehst du damit um? Entscheidungen müssen her und darum haben wir auch die Spalte tun. Denn nur durch das Machen und Tun gelangen wir in eine andere Welt. In die Welt des Friedens, der Freude, der Großartigkeit und des Spaßes. Das ist doch unsere Aufgabe, dass wir unbedingt darauf achten, endlich wieder mehr Spaß in unser Leben reinzuholen. Ohne das wäre unsere Welt um ein Vielfaches ärmer. Schauen wir uns kurz das Wörtchen tun an. Es ist so klein, mit nur drei Buchstaben. Für mich eines der wichtigsten Wörter, die wir überhaupt kennen. Damit können wir definitiv ganz viel erreichen und dabei auch enormen Spaß haben. Ich frage öfters die Leute auf meinen Seminaren, wie man Erfolg schreibt. Da fangen sie an es zu buchstabieren, E R F O L G, worauf ich dann erwidere, dass dies völlig falsch sei. Erfolg buchstabiert sich T U N. Das ist der einzige und zugleich auch sichere Weg, dass es funktioniert und man auch dorthin gelangt, wo man hinmöchte.

T ag
U nd
N acht

Ja, du solltest beseelt sein und dich da voll und ganz reinschicken. Nicht nur ein wenig, sondern richtig intensiv und mit viel Spaß und Lebensfreude. Je schneller du das machst, desto besser und leichter geht es dir. Jetzt reduziere es bitte auf die drei Punkte.

Meine Gedanken?	Wieso?	Tun?
1.) ____________________	________________	________
2.) ____________________	________________	________
3.) ____________________	________________	________

Noch klarer und näher dran als je zuvor. Das macht Spaß und bringt Freude ins Leben. Als Kind hattest du doch viel Lebensfreude und Spaß. Dann wurde es im Laufe der Zeit immer weniger. Kennst du das von dir, oder von anderen Menschen? Hast du bestimmt schon mitbekommen, wie das dann schleichend von den Menschen Besitz ergreift, bis von der puren und reinen Lebensfreude nichts mehr übrig bleibt. Komme bitte ins Handeln, so schnell wie möglich. Je schneller du das machst, desto besser geht es dir. Das ist doch der Punkt, nicht aufschieben, sondern machen. Je mehr und schneller du machst, desto bessere Ergebnisse erzielst du. Reduziere es nun bitte auf deinen Hauptgedanken. Wieso das so ist, wieso der so stark ist und was du tust.

Meine Gedanken?	Wieso?	Tun?
1.) ____________________	________________	________

Schon wieder Finale, ist das nicht super, wie schnell wir uns hier durcharbeiten. Stück für Stück, von einem Kapitel zum nächsten. Je weiter du vordringst, desto klarer und besser geht es dir. Das nennt man Entwicklung, in anderen Worten das Ende deiner Verwicklung. Das ist die wertvollste Arbeit, die du überhaupt nur verrichten kannst.

Dein Fazit: ____

Spielt das in zehn Jahren noch eine Rolle

Wie oft hast du dich schon geärgert und wie lange willst du es noch tun? Denke bitte daran, das ist alles eine freiwillige Leistung. Du kannst dich ärgern oder nicht. Wenn du es magst, dann sehr gerne, die Frage ist dabei, was es dir bringt? In der Regel kostet es unnötige Energie und die bräuchtest du wahrhaftig für Wichtigeres. Leider haben sich die meisten daran gewöhnt, immer nur im Ärger und in den Problemen zu leben. Sind dabei erstaunt, dass es nicht weiter geht. Wie bist du unterwegs, gehörst du auch zu diesen Typen, die so unterwegs sind.

Wir regen uns immer zu schnell auf

Das ist nicht gut, denn in erster Linie schaden wir uns dabei nur selbst, das ist verrückt. Oder zumindest nicht mehr, denn vieles ist Gewohnheit. Auch ich durfte mich etliche Jahre dazu zählen und das war kontraproduktiv. Teilweise war es sogar absolut katastrophal geworden und ich musste mich deshalb entscheiden, da wieder rauszukommen. Darum möchte ich dich bitten, dadurch lebst du definitiv weitaus friedlicher und glücklicher.

Manchmal muss man sich ärgern

Der Meinung sind etliche Leute und das ist eine blöde Einstellung. Denn es steht nirgendwo geschrieben, dass du dich ärgern musst. Du bist nicht dazu verpflichtet. Wieso kommst du zu der Ärgernummer, weil du es als Kind so gelernt hast? Du hattest deine Eltern als Vorbilder, die es in der Regel genauso gemacht haben. Dann dein komplettes Umfeld, es wird zu gerne so gelebt. Du musst das aber nicht mehr mitmachen. Du kannst gerne darauf verzichten und lebst dadurch weitaus ruhiger und angenehmer.

Mir hilft die Frage, ob das in zehn Jahren noch eine Rolle spielt

Diese Frage stelle ich mir immer vorher, bevor es losgeht. Letztlich habe ich genau 2 Sekunden Zeit, um zur Entscheidung zu kommen, soll ich mich jetzt ärgern oder nicht? Wenn du jedoch nur eine Sekunde länger wartest, hast du keine Chance mehr. Dann bist du schon drin und es geht die Post ab. Ich bin mir sicher, dass du das kennst. Am Anfang wird es dir ein wenig schwerfallen, dann geht es immer leichter und leichter. Es kommt der Moment, wo du gar nicht mehr anders kannst. Es ist so implementiert, als ob es nie anders gewesen ist.

Lebe in Freiheit und es geht dir um Welten besser

Für mich ist das die absolute Freiheit, wenn ich darüber stehe. Ich habe keine Lust mehr, auf alles draufzuhüpfen. Nur wenn ich cool und souverän bleibe, habe ich die Kraft, mich auf das Wesentliche zu konzentrieren. Freude ohne Ende ist das Resultat und dies brauchen wir, für ein schönes, wertvolles Leben. In dem du nicht mehr recht zu haben brauchst, da gibt es auch weniger Ärger. Respektive gar keinen mehr, das ist wundervoll. Früher war ich rechthaberisch und das war meist ein Kampf, bis hin zum Krampf. Ärger auf der ganzen Linie und ich kann dir eines sagen, man kann sich mit der Einstellung auch viele Feinde machen. Also schenke es dir, jeder hat aus seiner Sicht recht und alles passt.

Schreibe bitte auf, wo du dich immer geärgert hast

Oder es zumindest noch tust. Nennen wir das Kind beim Namen. Nur wenn wir es sofort anschauen, wird es uns bewusst. Es ist die alte Geschichte, wenn ich den Dingen in die Augen sehe, desto klarer wird es für mich. Ich liebe es in die Situation rein zu gehen, selbst wenn es manchmal ein wenig ungemütlich sein kann. Denn vom Grund her bin ich eher derjenige, der den Weg des geringsten Widerstandes geht. Das scheint im Moment das Einfachste zu sein. Dann holt es einem selbstverständlich wieder ein und dadurch wird es nicht besser, sondern es hat sich bereits stark etabliert. Notiere nachfolgend, was dich ärgert, wieso das so ist und wie oft du in die Falle läufst. Das Schlimme ist ja, wenn wir es machen, tun wir es auch oft. Je öfters wir solche Geschichten durchziehen, desto stärker wird es. Getreu dem Motto

„Permanente Wiederholung schafft Wirklichkeit!"

Das kann man nicht genug wiederholen, dass Wiederholungen immer zielführend sind. Wenn auch in der Regel nicht das, was man gerne hätte. Wir wiederholen das Negative immer wieder. Da bin ich häufig erstaunt, mit welcher Konsequenz man hier unterwegs ist. Welche Energie dafür aufgewendet wird und mit welch fatalen Konsequenzen. Darum denke ich lieber vorher daran, in welche Richtung das Ganze laufen wird. Lege bitte los und warte keine einzige Sekunde mehr.

Ich ärgere mich?	**Wieso?**	**Wie oft?**
1.) ______________________	______________________	__________
2.) ______________________	______________________	__________
3.) ______________________	______________________	__________
4.) ______________________	______________________	__________
5.) ______________________	______________________	__________
6.) ______________________	______________________	__________
7.) ______________________	______________________	__________
8.) ______________________	______________________	__________
9.) ______________________	______________________	__________

10. ______________________ ________________ ________

Wie fühlt es sich für dich an? Ist dir einiges klar geworden, was du da mit dir machst? Bitte schaue ab heute sofort darauf, was deine Einstellung, dein Verhalten und deine Umsetzungen auslösen. Denn alles löst irgendetwas aus, und wenn ich weiß, in welche Richtung es geht, sensibilisiere ich mich stärker damit. Über die Sensibilisierung habe ich mehr Kontrolle über mein Leben. Diese muss ich haben, denn wenn ich nicht die Kontrolle habe, werde ich immer mehr zum Spielball von anderen. Das ist verrückt, wenn ich das zulasse, dass andere Menschen Macht und teilweise sogar Gewalt über mich gewinnen können. Reduziere es bitte auf deine drei stärksten Punkte, um dich noch besser kennenzulernen.

Ich ärgere mich?	**Wieso?**	**Wie oft?**
1.) ______________________	________________	________
2.) ______________________	________________	________
3.) ______________________	________________	________

Wie fühlt es sich für dich an, erkennst du den Irrsinn, den du da immer wieder eingegangen bist? Bestimmt und darum, ich weiß, ich wiederhole mich, lass es sein. Deine Gesundheit und deine Nerven werden es dir danken. Weißt du wie schrecklich es ist, sich permanent aufzuregen? Immer unter Adrenalin zu sein, schadet dir unendlich und du wirst auch für deine Mitmenschen mehr als ungenießbar. Die Lebensqualität rutscht permanent ab und ich glaube auch nicht, dass du das möchtest. Sich selbst zu schützen ist die Hauptdevise. Darauf zu achten, dass wir immer in der hoch stehenden Energie bleiben. Nur dort sind wir auch imstande, Höchstleistung zu erbringen.

Wenn du heutzutage Erfolg haben möchtest, wir sprechen vom großen Erfolg, ist der Energiehaushalt das Wichtigste. Du bist dafür verantwortlich, dass du die Energie auf höchstem Niveau hältst. Das ist deine Aufgabe und wenn du glaubst, was viele leider tun, dass andere dafür zuständig sind, hast du im Vorfeld verloren. Das Thema ist raus aus jeglicher Form von Abhängigkeiten. Es ist wundervoll, wenn man das für sich endlich erkennt und danach lebt. Am Anfang sind es kleine Schritte, dann werden diese größer. Reduziere es jetzt bitte auf deinen Hauptfaktor, wo du dich immer ärgerst. Ärger frisst dich auf und jeder Mensch hat solch einen Punkt, wo bei ihm die sogenannte Post abgeht.

Ich ärgere mich?	**Wieso?**	**Wie oft?**
1.) ____________________	________________	________

Ist dir beim Aufschreiben etwas aufgefallen, wie absurd das Ganze ist? Über was für Nichtigkeiten du immer wieder gestolpert bist? Ich weiß, für dich sind es keine Nichtigkeiten, für dich ist es gewaltig und raumergreifend. Wenn noch der Ärger Platz in dir hat, wird es eng und richtig unschön. Ärger ist gewaltig, er haut dich teilweise fast um. Darum lassen wir es nicht soweit kommen, in dem wir vorbeugend tätig sind. Du kennst es doch

„Vorbeugen ist besser als Heilen oder Nachbessern!“

Sei stolz auf dein Meisterwerk, welches du gerade aufgebaut hast. Du bist bereits weiter, als die meisten Menschen jemals sein werden. Kennst du auch ältere Menschen, die sich immer noch unendlich ärgern und sich dann auch entsprechend aufführen. Das ist doch einfach nur abstoßend und widerlich, also ich finde es zumindest so.

Dein Fazit: ____

Gehe in die Veränderung

Wie hört sich das für dich an, in die Veränderung zu gehen? Hier bekommen viele Leute Angst und es wird oder könnte unangenehm werden. Der Mensch fürchtet nichts mehr als die Veränderung. Am liebsten hätte man super Ergebnisse und das möglichst ohne irgendetwas zu verändern. Das kann so nicht funktionieren, ist ein Ding der Unmöglichkeit. Wer nur das macht, was er immer getan hat, wird immer nur das Gleiche ernten. Nicht mehr und nicht weniger, das weiß übrigens jeder Landwirt. Er überlegt sich vorher, was er gerne ernten möchte und genau das sät er dann auch. Sicherlich nicht etwas anderes, denn das kann nicht funktionieren.

Der Mensch ist zu bequem und träge

Es ist immer wieder das Gleiche, aus der Bequemlichkeit heraus, wird sich nichts bei dir tun. Alles haben wollen und dafür nichts tun, wie soll das funktionieren? Das ist völlig absurd und wer so unterwegs ist, wird ein Leben lang in der Warteschleife verbleiben. Weißt du, wie schrecklich, diese sogenannte Endlosschlaufe ist? Ich denke du hast es auch schon erlebt, diese Ohnmächtigkeit. Das Gefühl zu haben, aus der Nummer nicht mehr raus zu kommen. Wie in Gefangenschaft und das im vollen Wachzustand. Oder wie im Traum, du möchtest fliehen und kommst nicht voran. Du bist wie angewurzelt und es macht dich halb wahnsinnig, so festgebunden zu sein.

Träge sich selbst gegenüber, anderen aber sagen, was Sache ist

Wie pervers das Spiel ist, sich selbst im Kreise zu drehen. Anderen Menschen aber beibringen wollen, wie das Leben zu funktionieren hat. Dabei teilweise auch mit relativ hoher Energie und nimmermüde das Gleiche zu wiederholen. Manchmal kommt mir das vor, wie wenn es die Menschen als sportliche Herausforderung ansehen und nicht mehr loslassen. Ich nenne das auch gerne die Pitbull-Strategie. Festbeißen und nicht mehr loslassen. Dabei behindert dich das im aller höchsten Maße nur selbst. Ich wiederhole mich, lass die anderen Menschen wirklich in Ruhe und Frieden. Beschäftige dich mit deinem Mist und das tagtäglich. Du bist doch jeden Tag im Entwicklungsprozess und dem darfst du dich nicht verschließen.

Sich regen bringt Segen

Diese Aussage finde ich klasse, denn nur wer sich regt, dem wird es auch zum Segen werden. Hier gibt es natürlich noch weitere Aussagen von wegen „Hilf dir selbst, dann hilft dir Gott!" Da sehe ich die Menschen oft betend und manchmal sogar bettelnd, dass Gott ihnen helfen möge. Da sei die Frage erlaubt, wieso sollte Gott denn die Arbeit übernehmen? Es ist doch jeder für sich selbst zuständig. Auch ich durfte das mehr als einmal erfahren. Erst als ich angefangen habe, mich zu rühren, hat sich die gesamte Welt für mich gerührt. Die Lebensprinzipien laufen immer nach dem gleichen Muster ab. Am Anfang scheint es nahezu unmöglich zu sein, vor lauter Bäume sieht man den Wald nicht. Dann fängt man an, Schritt für Schritt zu gehen. Ein wenig unsicher und je mehr du gehst, desto sicherer wirst du. Dann ist es so, als ob du noch nie etwas anderes gemacht hast.

Die Freude steigert sich zusehends

Immer ein wenig mehr und dann bist du, wenn du wirklich dran bleibst, nur noch voller Freude. Freude und Dankbarkeit für alles, was du bewegst und in deinem Leben erreicht hast, und in Zukunft noch bewegen wirst. Freude ist wie ein Baum, am Anfang ein ganz kleines und zartes Pflänzchen. Das gehegt und gepflegt größer und größer wird, dann wird es zum riesigen und starken Baum, mit einem wunderschönen Geäst. Je größer der Baum, desto stabiler gegen jegliche Form von Unbill. Das braucht aber Zeit und die sollte man sich unbedingt geben. Hier sind die meisten wieder zu ungeduldig. Ungeduld frisst aber jegliche Form von Veränderung. Auch hier kommt zum Tragen

„Die meisten Menschen überschätzen total, was sie in kurzer Zeit erreichen können. Und sie unterschätzen es, was sie über einen längeren Zeitraum erreichen können!"

Lese dir diese Aussage mehrmals durch und du wirst dich wiederfinden. Die meisten Leute probieren es ein wenig und übers probieren sind sie der Meinung, die Welt aus den Angeln zu heben. Das haut nicht hin, du kannst Erfolg nicht probieren. Du brauchst wirklich unendliches Durchhaltevermögen.

Schreibe nun auf, wo du in die Veränderung gehst

Es nützt natürlich nichts, von der Veränderung und einem schöneren Leben zu träumen. Dazu bist du aufgefordert, voll und ganz mit einzusteigen. Aktives Leben nennt sich so etwas und da wir ja Zeit gewonnen haben, weil wir uns nicht mehr mit der Umerziehung von anderen Menschen befassen. Sondern nur mit unseren eigenen, da haben wir viel zu tun und sehen auch sofort Ergebnisse. Denn andere bekehren zu wollen, ist doch bescheuert. Erstens haben wir es nicht in den Händen, weil wir ja gar nicht wissen, ob der Gegenüber das möchte. Würde er es wollen, hätte er bestimmt schon angefangen. So ist jedoch davon auszugehen, dass er sich in Ordnung fühlt und wieso sollte er da etwas ändern? Also ab zu dir selbst und viel Spaß damit. Lege jetzt bitte los, welche Veränderungen du einführen möchtest. Wieso das so ist, wieso du das machen willst und ab wann du loslegst. Das ist natürlich die Grundvoraussetzung, das Ganze zum terminieren.

Meine Veränderungen?	**Wieso ist das so?**	**Ab wann?**
1.) ______________________	____________________	__________
2.) ______________________	____________________	__________

3.) ________________ ________________ ________

4.) ________________ ________________ ________

5.) ________________ ________________ ________

6.) ________________ ________________ ________

7.) ________________ ________________ ________

8.) ________________ ________________ ________

9.) ________________ ________________ ________

10. ________________ ________________ ________

Ist es für dich okay, oder fühlst du dich jetzt nicht mehr so wohl? Das passiert schnell, so schnell kannst du nicht schauen. Angst, Beklemmung und Unwohlsein sind oft die Ergebnisse, die sich da auftun. Ändern ist ein Traum, ich liebe es immer wieder zu ändern. Denn dadurch fühle ich mich lebendig und mitten im Leben stehend. Nicht nur ein Theoretiker, sondern ein echter Praktiker, der sein Leben fest in die eigenen Hände nimmt. Wann wirst du die einzelnen Komponenten umsetzen und das Leben fest in deine Hände nehmen? Reduziere es nun auf deine drei Hauptpunkte.

Meine Veränderungen?	Wieso ist das so?	Ab wann?
1.) ________________	________________	________
2.) ________________	________________	________
3.) ________________	________________	________

Ich liebe das Wort Veränderungen. Darin liegt Hoffnung für ein neues und großartiges Leben. Ein Leben völlig frei von nur noch einmal recht haben wollen. Das interessiert in keinster Art und Weise mehr. Du bist freier denn je, für dein neues und schöneres Leben. Am Anfang steht man oft davor und sieht vor lauter Bäume den Wald nicht mehr. Man denkt sich, es nicht zu schaffen. Immer im alten Sumpf weiter zu leben, manchmal möchte man gerne schreien, ganz laut und am liebsten davon rennen. Nur wohin und man fühlt sich wie gefesselt und gelähmt. Dennoch ist tief im Inneren dieser unbänderliche Drang, da in eine neue Welt einzusteigen. In die Freiheit und völlige Losgelöstheit. Wie schön und traumhaft ist das nur, alleine schon das Erfassen können. Wenn dann auch noch die Umsetzung stattfindet, und da bist du ja schon mitten drin, ist das gewaltig. Ein starkes Gefühl durchströmt einem von Kopf bis Fuß. Jetzt reduziere es bitte auf deinen stärksten Drang der Veränderung.

Meine Veränderungen?	**Wieso ist das so?**	**Ab wann?**
1.) ____________________	________________	________

Wie ist es jetzt für dich, nur noch eine Sache, auf die du dich konzentrieren darfst? Das ist doch gewaltig, alles andere ist weg. Wie aufgelöst und für das eine, deinen stärksten Moment, kannst du jetzt ganz viel Kraft aufbauen. Man nennt das auch die Kraft der Konzentration, das ist in der Tat die stärkste Nummer, die man überhaupt nur haben kann. Du bist so stark, sage dir das bitte auch immer wieder. In dir verbergen sich ungeahnte Kräfte und jetzt bist du endlich soweit, sie rauszulassen. Das ist einfach nur der Oberhammer und jetzt ist es sehr wichtig, dass du in dieser Kraft bleibst und dich auch nie mehr davon abbringen lässt. Weder durch dich selbst, noch durch andere Menschen.

Dein Fazit: ____

Führe nie mehr Grundsatzdiskussionen

Kennst du dich da aus, wie häufig hast du in deinem Leben bereits Grundsatzdiskussionen geführt? Was hat es gebracht, wenn du ehrlich bist, dann hat es weniger als nichts gebracht. Am Ende von solchen Manövern bleiben nur Verlierer übrig. Auch wenn du mal gewonnen hast, hat es dir gut getan, hat es sich gelohnt? Wie war es für dich, als du verloren hast, beide Male waren es doch unschöne Gefühle. Musst du dir das überhaupt geben?

Wer diskutiert ist arm dran

Das ist meine persönliche Meinung, wer es nötig hat, zu diskutieren, was ist denn das für eine Nummer? Rechthaberische Menschen sind ein Gräuel für alle Beteiligten. Ich wende mich sofort von diesen Menschen ab. Für mich ist das bereits pathologisch. Ich weiß, eine krasse Formulierung. Was ist es denn sonst, auf seinem Recht zu beharren. Ich will meinen Frieden haben und sonst nichts anderes. Wieso muss ich mich da auf so dumme Spiele einlassen.

Ruhe in dir und alles ist gut

Je mehr du in dir ruhst, desto schöner ist deine Welt. Früher war ich meist auf Kriegsfuß, bereit das Kriegsbeil auszugraben und dann bis zum bitteren Ende zu kämpfen. Ich bin froh, dass ich das abgelegt habe. Es gibt wenige Momente, wo ich die Contenance verliere. Danach fühle ich mich nicht gut und dadurch lerne ich jedes Mal, es endlich zu lassen. Manchmal zähle ich auch bis drei und es ist gut. Siehe ein Telefonat von gestern, wo mir jemand mitteilte, dass ihm etwas nicht passt. Ich spürte sofort, wie mein Blut in Wallung geraten wollte. Ich war nahe dran die Keule rauszuholen. Wenn ich das tue, schlage ich auch voll zu.

Wenn du zuschlägst, wird es unsachlich

Du kennst es bestimmt, als Erstes gibt es klar verbale Entgleisungen und das geht zügig vonstatten. Wenn es dann keine Ruhe gibt oder früher gab, wurde auch körperlich dagegen vorgegangen. Das war einmal und damit habe ich heute nichts mehr zu tun. Nicht weil ich ein Geschäft habe, es ziemt sich nicht. Wie sagte damals ein Anwalt von mir „Wenn sie einmal zuschlagen, kommt das nicht gut. Sie werden vor jedem Richter bei ihrer Größe und ihren langen Haaren schlechte Karten haben!" Das hat mich sehr beunruhigt, darauf hatte ich keine Lust.

Mittlerweile ist mir vieles egal

Soweit musst auch du kommen, dann lebst du total friedlich. Soll doch jeder denken was er will, das hat nichts mit mir zu tun. Das ist die Sicht der Mitmenschen, und wenn die es so sehen wollen, sollen sie es eben tun. Ich bin ja nicht verpflichtet hier mit zu machen. Auch das ist wie beim Ärgern, eine völlig freiwillige Leistung. Ich bin einfach nicht bereit, solche Leistungen zu erbringen. Ich nutze meine Kräfte lieber, um mich weiterzubilden. Meine Geschäfte weiter auszubauen und diese zum Erfolg zu bringen. Das erfordert zum Wohler aller meinen vollsten Einsatz.

Was ist im Wort Grundsatzdiskussion enthalten

Deutsch ist eine super Sprache und wenn wir es genauer eruieren, kommen wir zum Schluss, dass es um den Grund geht. Danach kommt der Satz, um den es im Leben geht und zu guter Letzt die Diskussion. Ich mag nicht auf den Grund gehen, wenn, tue ich es nur für mich selbst und das mit meinem Leben. Aber niemals mit dem Leben von anderen Menschen, auch nicht bei denen, die ich sehr in mein Herz geschlossen habe. Da ist es oft am schwierigsten loszulassen. Loslassen ist eh die größte Kunst für uns Menschen. Da gibt es nur die freiwillige Form oder wir sind eines Tages dazu gezwungen. Ich mag keinen Zwang, ich mag die Ruhe und den Frieden. Dafür stehe ich auch voll und ganz ein.

Wir führen immer wieder die gleichen Diskussionen

Kommt dir das auch bekannt vor? Ich erwische mich oft, dass es um die gleichen Geschichten geht. Häufig sind es Bagatellen und auf die könnte man eh verzichten. Ich nenne sie auch gerne die berühmten Nichtigkeiten des Lebens. Wie angenehm ist es, wenn man da drüberstehen kann. Wieso permanent in die gleiche Falle laufen? Wie klug muss man da sein, um stets dieselben Muster ablaufen zu lassen? Wenn das andere bei mir versuchen, muss ich lachen und lasse sie förmlich ins Leere laufen. Wieso sollte ich auf solche Manöver überhaupt antworten? Das ist Zeitverschwendung, denn wenn die anderen auf Kriegsfuß sind, muss ich nicht auch das Kriegsbeil ausgraben. Das lasse ich tunlichst sein und besinne mich auf meine friedlichen Kräfte und Energien.

Sollte es mir tatsächlich auf den Geist gehen

Dann suche ich die für mich passende Lösung. Aber ich diskutiere nicht mit der Person herum, die das Ganze verursacht hat. Diese würde es ja sowieso nicht verstehen und weshalb sollte ich mich dafür einsetzen? Es ist doch nur eine Verlierernummer, auch Nullnummer genannt. Das mag ich auf keinen Fall, denn ich mag bei allem, was ich tue, immer positive Ergebnisse. Was anderes interessiert mich nicht. Dazu ist es aber erforderlich, dass man sich sehr gut kennt und genau weiß, wie man tickt. Das ist manchmal ein recht langer Weg, bis man zu sich selbst gefunden hat. Ich kann es nur ändern und suche dann nach den Lösungen.

Wo führst du noch Grundsatzdiskussionen

Jetzt bist du wieder dran, dir Gedanken zu machen, wo du noch derart unterwegs bist. Du wirst es genau wissen und beim näheren Betrachten es noch viel klarer sehen und umsetzen können. Schaue jetzt bitte genau hin und du wirst es sofort erkennen. Es sind permanent die gleichen Muster, welche da ablaufen. Es ist stets dasselbe Spiel, und wenn du es nicht endlich unterbrichst, kannst du es noch bis an dein Lebensende spielen. Wie arm ist denn das, wenn ältere Menschen hitzig unterwegs sind. Da bin ich lieber cool und souverän, in mir ruhend und möge die Welt sich noch so zum brodelnden Hexenkessel entwickeln. Du bist mitten drin und bist der ruhende Pool, der unendliche Kraft in sich hat. Das hast du und das weißt du auch. Wichtig ist für dich, wieder Vertrauen zu gewinnen und dann loszulegen. In Ruhe und großem Frieden, dies ist das, was die Welt braucht, um sich friedlich weiter zu entwickeln. Leider sind die meisten konträr unterwegs, zu dem, was sie sich letztlich wünschen. Schreibe jetzt bitte alle Punkte auf, wo du Grundsatzdiskussionen führst. Wieso du das machst, denn es muss doch einen Grund geben. In dem Moment, wo du es weißt, hast du bereits gewonnen.

Grundsatzdiskussionen?	**Wieso?**	**Wie oft?**
1.) ____________________	____________________	__________
2.) ____________________	____________________	__________
3.) ____________________	____________________	__________
4.) ____________________	____________________	__________
5.) ____________________	____________________	__________
6.) ____________________	____________________	__________
7.) ____________________	____________________	__________
8.) ____________________	____________________	__________
9.) ____________________	____________________	__________
10. ____________________	____________________	__________

Ich finde es so spannend und aufregend, diese Erkenntnisse für sich zu gewinnen. Das ist traumhaft und ein super Prozess, der sich hier auftut. Das eigene Leben zu analysieren und dann daraus neue Lösungsansätze zu gewinnen, ist von unschätzbarem Wert. Es erhöht buchstäblich die eigene Wertigkeit des eigenen Seins. Mein Leben hat sich seitdem erstklassig und großartig verändert. Ich habe dadurch auch keinen Stress mehr und es geht mir damit viel besser. Meine Lebensqualität hat sich um das zigfache gesteigert. Ich habe mit anderen Menschen auch keinen Stress mehr. Kann dadurch in Frieden leben und weitaus mehr bewegen.

Ich kann jeden so lassen, wie er ist, dass was mir gut tut, wird intensiviert. Was mir nicht gut tut, wird schlicht und einfach eliminiert. Dieser Prozess geht mittlerweile zügig vonstatten, weil es zur absoluten Gewohnheit geworden ist. Ich kann mir etwas anderes nicht mehr vorstellen. Es ist wie immer eine Frage des Trainings, darum habe am Anfang Geduld mir dir. Denke immer daran, Rom wurde auch nicht an einem Tag erbaut. Stück, für Stück ist es gewachsen und heute etwas sehr Monumentales geworden. Jetzt reduziere es auf deine drei stärksten Bereiche.

Grundsatzdiskussionen?	**Wieso?**	**Wie oft?**
1.) ______________________	________________	________
2.) ______________________	________________	________
3.) ______________________	________________	________

Erkennst du die Absurdität deiner bisherigen Vorgehensweise? Unfassbar so unterwegs zu sein, auch mir ist das immer wieder passiert. Ich stand dann davor und musste echt den Kopf schütteln und mir sagen „Mein lieber Ernst, was hast du da getrieben, wie kannst du nur so unterwegs sein?“ Es gab in der Regel darauf keine Antwort und deswegen gibt es auch keinen Sinn zurückzublicken. Denn es ist längstens Vergangenheit. Ich weiß, und das machen die meisten Leute permanent. Sie leben ständig in der Vergangenheit und wundern sich, dass sie aus dem alten Sumpf nie mehr rauskommen. Beklagen dann teilweise sogar das Schicksal und dabei sind sie es selbst, die das alte Muster immer wieder aufleben lassen.

Wie absurd der Mensch doch ist. Auch ich muss aufpassen, dass es so nicht passiert. Denn es ist die Macht der Gewohnheiten, die uns permanent das Gleiche tun lassen. Wiederkehrende Geschichten haben es in sich, da raus zu kommen, um Neues in sein Leben zu implementieren. Es muss buchstäblich immer wiederholt werden, bis es sich manifestiert hat. Wer jedoch dran bleibt, hat es eines Tages so verinnerlicht und dann wird es wundervoll. Reduziere es nun auf deinen stärksten Diskussionsbereich.

Grundsatzdiskussionen?	**Wieso?**	**Wie oft?**
1.) ______________________	________________	________

Es ist natürlich manchmal nicht einfach, vor allem dann, wenn mein Gegenüber einer dieser leidenschaftlichen Diskutierer ist. Derer gibt es unendlich viele und darauf lasse ich mich nicht ein. Das interessiert mich nicht mehr, aber die Leute versuchen es permanent. Ich habe auch bei meinen Seminaren Spielregeln aufgesetzt, eine davon lautet „Wir führen keine Grundsatzdiskussionen!" Ich habe meine Sicht der Dinge und die anderen habe ihre Sicht der Dinge und damit hat es sich. Mehr gibt es dazu nicht zu sagen, das gibt keinen Sinn.

Dein Fazit: ____

Wenn es so einfach wäre

Das höre ich oft und ich sehe das als reine Alibigeschichte, um es möglichst nicht zu tun. Wie doof ist diese Vorgehensweise? Wie kann man nur so unterwegs sein? Die krasseste Form davon ist ganz klar, wenn es so wäre, dann würde es der Staat doch bereits für alle eingeführt haben. Das ist ein Blödsinn, wieso soll Vater Staat dafür verantwortlich gemacht werden. Der Staat setzt sich nur aus Menschen zusammen, die irgendwann und teilweise irrsinnige, neue Gesetze auf den Weg bringen. Ein Selbstverwaltungsapparat sondergleichen und es wird nicht besser. Wir haben jetzt in old Germany nicht nur deutsches Recht, welches zum Tragen kommt, sondern auch noch europäisches, was es nicht einfacher macht.

Du bist für dich verantwortlich und sonst niemand anderes

Wenn du das erkennst, bist du frei von all den anderen Geschichten. Warten auf andere oder auf den Staat, dass die von oben herab etwas ändern, wie kann man nur so denken. Genau das machst du bitte nicht. Im Wort Eigenverantwortung, findest du eigen und Antwort. So kannst du für dich ganz zügig ableiten, dass du die Antwort immer nur in dir selbst findest und auch hast. Das ist der wundervolle Schlüssel, den du ab heute anwenden kannst.

Das Leben ist simpel

Es sind wundervolle Prozesse, die vonstattengehen, ohne dass wir oft dafür etwas tun müssen. Oder bist du im Moment gerade damit beschäftigt die Fließgeschwindigkeit deines Blutes zu steuern? Dann musst du auch noch manuell in deine Verdauung eingreifen, entsprechende Säfte zur Verfügung stellen und vieles mehr. Natürlich wirst du das so nicht machen, denn es läuft von alleine. Damit kannst du das auch in fast allen Bereichen deines Lebens automatisieren.

Du entscheidest dich

Führe ich ein leichtes und wundervolles Leben, oder mache ich es mir unendlich kompliziert? Diese Entscheidung musst du für dich selbst treffen. Überlasse es nicht dem Zufall, was viele machen. Sie leben in den Tag hinein und sind oft erstaunt, dass da Dinge passieren, die man eigentlich nicht wollte. Das ist bescheuert, wenn man es so macht. Endlich raus aus den Zufällen, rein in die Planung und dann läuft es auch. Die grundsätzliche Entscheidung musst du jedoch selbst treffen. Nur du alleine und niemand anderes kann es ändern. Ich hoffe und wünsche mir sehr, dass du es verstehst und dann umsetzt.

Was musst und darfst du vereinfachen

Wir könnten es uns hier leicht machen, es zur Kenntnis nehmen und dann wieder ins normale Leben zurück gehen. Nur dann hätten wir keine Änderung erreicht und müssten dann Bilanz ziehen und zum Schluss kommen, dass es doch nicht so gut war. Es gibt auch in deinem Leben einiges, was noch zu optimieren ist. Wenn du es getan hast, werden wieder neue Geschichten auf dich zu kommen und so geht es ein Leben lang. Darum glaube bitte niemals, dass du fertig bist. Denn wer glaubt, dass er fertig ist, ist in der Tat fertig.

Lebe und prüfe permanent alles, was zur Vereinfachung beiträgt

Wenn du dir das zu deiner Lebensmaxime machst, liegst du goldrichtig. Dein Leben gewinnt dadurch unendlich an Fahrt und Freude. Alleine schon auf dem Weg zu sein, bedeutet Freude zu erleben. Da musst du nicht bis zum Schluss warten, was die meisten glauben. Erst wenn sie alles haben, kann es schön und gut werden, das ist hausgemachter Quatsch. Es gibt so vieles zu überprüfen, zu sehen, ob es meinem Leben entspricht und wie wir es einfacher gestalten können. Im Wort einfach sind folgende Wörter enthalten, es ist ein Fach.

Schreibe jetzt deine Vereinfachungen auf

Bitte sofort zur Tat schreiten, damit wir Ergebnisse vorweisen können. Wie immer nicht lange überlegen, sondern loslegen. Der erste Gedanke, respektive die ersten Gedanken sind immer goldrichtig und darauf kannst du wundervoll aufbauen. Freude, Freude und nochmals Freude, breitet sich aus. Dazu gehört natürlich auch das Thema des Wegwerfens. Viele Dinge brauchst du nicht mehr, wirf sie über Bord und dadurch geht es dir super gut. Erledige deine zehn Punkte schreibe auf, wieso das so ist und einmal mehr, lege dich fest, wann du anfängst. Je schneller desto besser und umso angenehmer wird es für dich. Das Schlimmste, was du machen kannst, ist die Dinge auf die lange Bank zu schieben.

Meine Vereinfachungen?	**Wieso?**	**Wann?**
1.) ____________	____________	________
2.) ____________	____________	________
3.) ____________	____________	________
4.) ____________	____________	________
5.) ____________	____________	________
6.) ____________	____________	________
7.) ____________	____________	________
8.) ____________	____________	________
9.) ____________	____________	________
10. ____________	____________	________

Ich bin mir sicher, dass einiges klarer geworden ist. Alleine, wenn man das im Stillen macht und sich Zeit dafür nimmt, verändert sich bereits einiges. Darum ist es wichtig, zuerst alles in Ruhe anzugehen. Wenn du es in der Schriftlichkeit machst, bist du auch imstande alles sofort zu verändern und anzupassen, dass es für dich stimmig ist. Veränderungen und Anpassungen gehören zu unserem Leben dazu. Das ist buchstäblich die Würze des eigenen Lebens und darauf kann man aufbauen. Wie kommt es jetzt für dich rüber, wie fühlt es sich an? Deine Gefühle sind immer von immenser Wichtigkeit, denn nur wenn du dich wohlfühlst, bist du auch imstande Höchstleistungen zu erbringen.

Träume von einem großartigen Leben und genieße jede Minute. Wenn du das nicht machst, kommst du immer stärker in einen Engpass hinein. Auch da wiederum das Thema, du kannst die Welt nicht auf einmal komplett ändern. Das schafft kein Mensch, denn du musst deine alten Gewohnheiten loslassen und für Neues Raum schaffen. Dann kommt die nächste Dimension, für die du dann frei bist. Darum auch alles in Etappen lösen, Stück für Stück. Wie isst du eine Salami, doch in einzelnen Scheiben und niemals am Stück? So machst du es jetzt mit deinen ganzen Themen, eines nach dem anderen und schon bald hast du es gelöst. Reduziere es jetzt bitte auf deine drei stärksten Punkte.

Meine Vereinfachungen?	**Wieso?**	**Wann?**
1.) ______________________	________________	________
2.) ______________________	________________	________
3.) ______________________	________________	________

Nun wird es immer klarer, konkreter, messbarer und unmissverständlicher. Das ist der Weg, so kannst du es erfassen, bist ganz bei dir und darauf kannst du aufbauen. Ich liebe es, mich mit meinem Leben zu befassen und nicht mit dem Leben von anderen Menschen. Denn jeder kann sich das Leben so gestalten, dass es ihm gut geht oder nicht. Ich denke an dieser Stelle an die Worte meiner lieben Oma, die immer zu mir sagte

„Ernst so wie du dich bettest, so liegst du!“

Das habe ich einige Jahre, oder eher schon Jahrzehnte nicht verstanden. Ich stand da völlig außen vor und dachte mir, dass das eher so ein Geschwätz von einer älteren Dame ist. Im Laufe von vielen Jahren habe ich es dann endlich begriffen und kann es auch entsprechend anwenden und umsetzen. Jetzt reduziere es bitte auf deine stärkste Vereinfachung.

Meine Vereinfachungen?	**Wieso?**	**Wann?**
1.) ________________________	__________________	_________

Herzlichen Glückwunsch, erneut bist du dir nähergekommen. Der Weg zu dir selbst ist spannend und klasse. Vereinfachung und schneller voranzukommen, dadurch wiederum mehr positive Ergebnisse zu erzielen. Damit komplett auf den Weg des Erfolges zu gelangen und endlich, das von vielen Menschen beanspruchte Glück sein Eigen zu nennen. Weißt du, wie klasse und großartig das ist? Es ist die absolute Krönung für dich und dadurch, dass du dich gefunden hast, auch für deine Umwelt.

Dein Fazit: ____

Im Flow des Seins

Das Schönste und Großartigste, was du nur machen kannst, dich so reinzuschicken, dass das Resultat der Flow ist. Die berühmte Leichtigkeit des Seins, es fällt dir leicht und tut dir unendlich gut. Es liegt aber in deinen Händen, du entscheidest, ob du im Flow leben möchtest oder lieber das Gegenteil haben willst. Ich sehe das bei vielen Menschen, die sich dermaßen bei allem quälen. Man sieht es den Menschen schon von weitem an, dass sie sich schwertun. Alles wird für sie zur Last, das Leben ist eine Qual ohne Ende. Das ist nicht gut, derart unterwegs zu sein und sich damit permanent zu quälen.

Quäle dich nie mehr

Es ist das Dümmste, was du machen kannst, dich zu quälen. Das bringt nichts und so sollte man nie mehr unterwegs sein. Achte unbedingt darauf, dass du aus dieser Nummer rauskommst. Denn es erleichtert dir dein Leben, um ein Vielfaches. Wenn du stecken bleibst, wird es für dich immer schlimmer. Genau das darfst du definitiv nie mehr zulassen. Schenke dir das in jeglicher Form. Sich selbst Schaden zuzufügen, da muss man absolut durchgeknallt sein. Wie viele Menschen quälen sich jeden Tag permanent aufs Neue? Ich bin mir sicher, auch du kennst etliche davon und es ist unendlich traurig, dies mit ansehen zu müssen. Vielleicht gehörst du ja auch zu diesen Menschen und was hat es dir bisher gebracht? Wo hat es dich hingeführt, kaum nachvollziehbar? Da stellt sich sofort die große Frage, wie lange du dieses Spiel noch spielen wirst.

Das Leben ist zu kurz für Qualen

Der Meinung bin ich hundertprozentig, das Leben, dein Leben ist unendlich wertvoll. Darum solltest du hier auch entsprechend mit deinem Schatz (deinem Leben) umgehen. Achte und schätze es in jeder Hinsicht, denn wenn du das nicht tust, wer macht es dann für dich? Doch niemand anderes, also bleibt das definitiv deine große Aufgabe. Jeden Tag immer wieder aufs Neue, die berühmte Never Ending Story. Wenn du das erkennst und auch lebst, kannst und darfst du dich absolut glücklich schätzen. Schluss mit der Quälerei und Plackerei, rein in die absolute Freiheit des wundervollen und großartigen Lebens. Darum heißt es ja auch, lebe im „Hier und Jetzt." Fange genau in diesem Moment an und du hast das schönste und wertvollste Leben aller Zeiten.

Das Gegenteil von Flow

Damit du näher an das Gefühl von Flow kommst, einige Parameter, die zum Tragen kommen. Keine Leichtigkeit, sondern eine unendliche Schwere macht sich breit. Du fängst eine Arbeit an und schaust gefühlte Stunden später auf deine Uhr, um festzustellen, dass erst fünf Minuten vergangen sind. Kennst du solche oder so ähnliche Situationen? Dir fällt alles schwer, das eigene Leben wird zur Qual. Von früh bis spät ist es buchstäblich dunkel geworden. So sollte man nicht durch das Leben wandeln.

Dein Leben geht so oder so vorbei

Das muss dir bewusst sein, dass dein Leben so oder so weiter geht. Egal ob du im Flow bist oder nicht, der einzige Unterschied, wenn du im Flow bist, geht es dir richtig gut und du hast Lebensfreude ohne Ende. Wenn du außerhalb vom Flow bist, ist es für dich ein riesiger Krampf und das solltest du dir schenken. Das ist meine persönliche Meinung, denn wieso sollte man sich wehtun, wenn es auch anders geht? Der Einzige, der sich permanent freiwillig quält, ist der Mensch. Dafür gibt es keine plausiblen Gründe. Die Uhr tickt definitiv unaufhörlich und es kommt der Tag, wo sie abgelaufen ist und dann ist es vorbei.

Schwere oder Leichtigkeit

Diese Frage finde ich besonders stark, leicht oder schwer und umgekehrt. Alles ist unmöglich und zugleich auch möglich. Völlige Freiheit bis hin zu absoluter Knechtschaft und Gefangenschaft. So viele verschiedene Varianten gibt es und du bist der Einzige, der sich da einordnen kann. Ob positiv, gut oder ein echter Krampf. Wenn ich die meisten anschaue, frage ich mich häufig, wieso tun die sich alle so schwer? Sind sie überhaupt noch zu retten? Tatsächlich, einige sind definitiv nicht mehr zu retten, was ist das nur für eine Nummer? Dass man freiwillig hier reinhüpft, es ist unfassbar und deswegen solltest du dich wirklich wieder am Schopfe rausziehen. Lasse die Schwere zurück und gehe wieder in die Leichtigkeit. Weißt du überhaupt, wie wundervoll es danach ist?

Wo bist du im Flow

Schreibe bitte gleich auf, wo du überall im Flow bist? Wie kommt es dazu und was machst du daraus? Solltest du zu wenig Punkte zusammen bekommen, kannst du dich auch um die Gegenseite kümmern. Wieso hast du so wenig Flow, denn das ist genauso interessant und hilft dir weiter zu kommen. Ich liebe es über alles, im Flow zu sein. Gerade in dem Moment, wo ich jetzt diese Zeilen schreibe, bin ich von einem wundervollen Wochenende zurückgekommen. Zwei top Seminare fanden zum Thema Listenaufbau und Autoresponder statt. Das zweite Seminar hatte den Titel meines Buches „Verschieberitis – Hast du auch diese schlimme Krankheit!“ Normalerweise könnte ich jetzt sagen, ich bin zu müde, ich mag nicht mehr. Aber nein, meine klare Zielsetzung lässt mich noch ein paar Zeilen schreiben. Damit es weiter geht, ist das nicht wundervoll? Für mich nur ein Traum, denn ich bin schon wieder im Flow, wie das gesamte Wochenende. Nun geht es mit deinen Aufzeichnungen los, wieso bis du im Flow und natürlich wie oft?

Mein Flow?	**Wieso?**	**Wie oft?**
1.) ____________________	________________	________

2.) ______________ ______________ ________

3.) ______________ ______________ ________

4.) ______________ ______________ ________

5.) ______________ ______________ ________

6.) ______________ ______________ ________

7.) ______________ ______________ ________

8.) ______________ ______________ ________

9.) ______________ ______________ ________

10. ______________ ______________ ________

Hast du schon einiges erkennen können, wieso das so wichtig ist? Ist dir etliches bewusst geworden, wieso es im Flow besser geht? Warum es sich schwer machen, wenn es leicht geht? Da höre ich immer wieder, wenn das so einfach wäre, würden es ja alle tun. Klar, alles nur Blödsinn, was ich schreibe. Es ist nicht für alle bestimmt und im Übrigen, was interessieren uns die anderen Leute? Es ist permanent das gleiche Spiel. Wir beschäftigen uns zu intensiv mit anderen Menschen und vergessen dabei uns selbst. Bevor wir wieder anfangen, an anderen rumbasteln zu wollen, lassen wir es lieber. Es gibt nur eine Konzentration und das ist auf die eigenen Belange.

Wenn jeder Mensch sich mit dem Thema Flow befassen würde, was wäre die Welt da friedlich und schön. Anstatt dessen, vernachlässigen sich die meisten lieber selbst. Als ob sie kein richtiges Leben haben, und stürzen sich lieber auf die anderen, wie Hyänen. Kennst du auch solche Spezialisten? Es sind die widerlichsten Typen, die solche Dinge tun, und sollte dir so jemand begegnen, hilft dir nur eines, zu verschwinden. Denn es tut dir nicht gut und solltest du derart unterwegs sein, ja du selbst, dann höre mit dem Theater sofort auf. Reduziere es jetzt bitte auf die drei stärksten Faktoren.

Mein Flow?	**Wieso?**	**Wie oft?**
1.) ______________________	________________	________
2.) ______________________	________________	________
3.) ______________________	________________	________

Ich habe es bei meinem letzten Lehrgang wieder erleben dürfen, was passiert, wenn der Mensch anfängt, sich mit den wirklich wichtigen Dingen des eigenen Lebens zu beschäftigen. Was dabei raus kommst, ist absolut faszinierend. Mit was für großen Augen die Teilnehmer dabei sind, es ist das Glitzern zu sehen. Der Trieb jetzt erst recht und sich dabei voll und ganz zu leben. Das ist die Krönung für uns alle und das mag ich ganz besonders. Es ist für mich wundervoll als Referent die Teilnehmer in dieser Form beobachten zu dürfen. Die allergrößte Belohnung, wieder eine Menschenseele buchstäblich gerettet zu haben. Das ist so klasse und gibt unendlich viel Energie, jetzt erst recht weiter zu machen.

Ich denke du spürst, was der Unterschied ist, von dem was dir wirklich guttut. Die Grenzen sind da eng abgesteckt und zugleich absolut fließend. Wenn man es erfassen kann, ist es nur erforderlich, es zu leben und sich zum Glück zu verhelfen. Jetzt und heute und nie mehr morgen, denn morgen kann es bereits zu spät sein. Es gibt immer nur einen richtigen Moment, das ist jetzt. Darum reduzierst du jetzt deine drei Punkte auf deinen Hauptpunkt.

Mein Flow?	**Wieso?**	**Wie oft?**
1.) ______________________	__________________	_________

Geschafft, die Party kann schon wieder steigen, und das ist wichtig, dass wir immer wieder feiern. Je öfter wir feiern, desto mehr Ansporn bekommen wir, es zu tun. Es ist so simpel und gleichzeitig von großer Wichtigkeit, das in sein Leben zu implementieren. Dazu ist aber erforderlich, dass du weißt, wohin deine Reise gehen soll und dann legst du sofort los.

Dein Fazit: ____

Glück oder Unglück du entscheidest

Ist dir das bewusst, hast du darüber schon mal nachgedacht? Weißt du, die meisten Menschen sind leider der Meinung, dass das außerhalb ihres Kontrollbereiches liegt. Das ist fatal und traurig, denn damit erklärst du gleich eine große Ohnmächtigkeit und fühlst dich nicht dafür zuständig. Das ist alles andere als gut und clever. Du denkst, dass du gar nichts ausrichten kannst. Das stimmt nicht, du kannst wesentlich mehr für dich tun. Ja, du kannst alles für dich tun. Du musst aber dazu bereit sein, dich öffnen und die Dinge mit Begeisterung umsetzen.

Ich war früher auch anderer Meinung

Ich hatte mich in die lange Reihe von den Menschen, die von Schicksal sprachen eingereiht, von Glück oder kein Glück haben. Das war die eine Seite der Medaille und da man sich ja niemals in solch einem Falle die andere Seite anschaut, bleibt man eben dort. Wie doof ist denn das? Man ist buchstäblich in der Box gefangen. Das Thema lautet „Gefangen für alle ewigen Zeiten!" Es gibt kein Entkommen, wir müssen dableiben. Damit nimmt man das Schicksal, das sogenannte Schicksal förmlich an und hat mit dieser fatalen Entscheidung sofort über die Zukunft bestimmt. Es gleicht einer Bankrotterklärung, das ist überhaupt nicht gut. Da heißt es vorher strampeln, sonst wird es nichts mehr.

Du bekommst täglich 24 Stunden neue Chancen

Ist dir das bewusst, ohne dass du etwas dafür tun musst. Kein Geld dafür ausgeben, du bekommst jeden Tag kostenlos deine 24 Stunden geschenkt. Das ist doch ein absolut paradiesischer Zustand, in dem du dich da befindest. Wenn man sich dies einfach nur mal vorstellt, ich finde dies absolut grandios und sensationell. Wie schön ist denn genau das Leben? Es ist gewaltig, ein Traum, ist das Größte, oder gibt es eine Alternative dazu? Ich kenne keine und darum sollte jeder Einzelne für sich genau dieses Leben voll und ganz annehmen und sich unendlich freuen.

Es geht um die Sicht der Dinge

Das ist natürlich hierbei der erste und elementare Schritt. Wie siehst du die Dinge? Du hast natürlich immer zwei Möglichkeiten, du kannst sie absolut positiv oder absolut negativ sehen. Es geht immer um die gleiche Geschichte, nur die Wirkung deines Filters verändert alles. Es kommt nicht darauf an, was da gerade passiert, sondern wie du darauf reagierst. Wenn du das verstanden hast, geht es dir viel besser. Dann kommst du wesentlich leichter und schneller durchs Leben. Das Ganze dann erst noch auf der berühmten Sonnenseite des Universums. Schauen wir uns ein paar Situationen an und was das bewirkt.

- Wetter
- Beschimpfungen
- Unfall
- Krankheit
- Stress
- Liebe
- Beruf

Auch hier besteht kein Anspruch auf Vollständigkeit, es sind ein paar Aufzählungen, damit wir arbeiten können. Selbstverständlich, kannst du dir da weitere Aspekte hinzunehmen.

Wetter

Ja, ja das liebe Wetter, für was muss das alles herhalten? Heute regnet es zum Beispiel und viele Menschen sind wieder am lamentieren. Kannst du etwas daran ändern, diese Frage stelle ich mir immer als erstes? In dem Fall kann ich am Wetter gar nichts ändern. Wenn es meint, regnen zu müssen, dann tut es das eben. Also habe ich keine Chance für irgendeine Veränderung. Wenn ich das für mich analysiert habe, bin ich schon ein schönes Stück weiter. Dann kommt die Überlegung, was kann ich alternativ tun? Nochmals, die Situation ist, wie sie ist. Dadurch kommt immer Schritt eins zum Tragen, Erfassung und Akzeptanz. Damit habe ich schon sehr viel gewonnen. Schritt zwei folgt dann sogleich und ich lasse es, wie es ist, ändere meine Einstellung, die da lauten könnte „Wie schön, dass es heute regnet, es staubt dadurch nicht mehr so arg und die Natur freut sich." Jetzt könntest du darauf erwidern, sehr witzig. Natürlich ist das witzig und du sollst doch dein Leben auch nicht immer todernst nehmen, wozu denn auch? Denn du schadest dir mit solch einem Verhalten nur selbst.

Viele Menschen sind mit dem Wetter im Clinch. Da ist es zu kalt, zu nass, zu trocken, zu warm, zu heiß und was weiß ich alles. Kommt dir das bekannt vor? Ich denke schon und wo ist das Problem, wenn du auch einer von diesen Typen bist? Es gehört zu deiner Grundstruktur, des sich selbst immer schädigen Wollens. Finde endlich deinen Frieden und es geht dir besser. Das Wetter ist, wie es ist und damit ist es gut so. Ändere einfach nur deine Einstellung und der Rest ändert sich von selbst.

Beschimpfungen

Kennst du das, hast du das auch schon erlebt? Du wirst beschimpft, dumm angemacht und so weiter. Kannst du im Moment daran etwas ändern? Nein, die Frage ist nur, wohin geht die Reise. Wenn jemand zu mir sagt, dass ich ein Idiot bin, dann habe ich genau zwei Sekunden Zeit, eine Entscheidung zu treffen. Welche Gewichtigkeit gebe ich dem Wort Idiot? Ich kann natürlich voll darauf anspringen und diese verbale Nummer mit noch ein paar Nettigkeiten postwendend zurückhauen. Was passiert dann? Ist doch wohl klar, in aller Regel wird der Gegenüber nachladen und verbal zurück feuern. Oft reicht dann das Verbale nicht mehr aus und es kommt der körperliche Einsatz mit dazu. Wie abartig und verwerflich ist denn diese Nummer? Wie weit haben wir es gebracht, wenn wir so unterwegs sind? Oh je, oh je und wenn wir die Welt anschauen, sind das genau die Momente, wo Menschen ihre Souveränität verlassen. Dadurch kommt es auch zu Kriegen und sonstigen Geschichten.

Kennst du auch solche Momente in deinem Leben? Ist das gut, ist das clever, ich glaube nicht und darum sollte man souverän bleiben und in sich ruhen. Ich weiß, das ist manchmal nicht leicht. Aber was ist die Wahl, du kannst zurückhauen. Dann eskaliert das in der Regel und es kann leicht außer Kontrolle geraten. Das ist immer gefährlich und du verlierst kostbare Lebensenergie, die du für Wesentlicheres verwenden solltest. Um dein Leben voran zu treiben und zum Erfolg zu führen. Da bist du viel besser aufgehoben, als sich mit solchen Bagatellen zu beschäftigen. Was mir in solchen Momenten immer sehr hilft, ich stelle mir die berühmte Frage

„Spielt das in zehn Jahren noch eine Rolle?"

Weißt du was, es gibt kaum mehr etwas, was dann tatsächlich in zehn Jahren noch eine Rolle spielt. Das meiste ist schon Stunden später nicht mehr wichtig und uninteressant. Wieso sich da überhaupt an solchen Geschichten aufreiben? Das macht doch nur ein Narr und ich darf dir ruhig eines verraten, ich war jahrelang einer. Weil es doch fast alle so tun, tun wir es dann auch. Nur für mich gibt das schon lange keinen Sinn mehr.

Unfall

Kennst du das, plötzlich knallt es. Von einer Sekunde auf die nächste ist nichts mehr wie vorher. Die Welt hat sich gedreht und du stehst absolut vor einer neuen Herausforderung. Die Frage, die sich nun stellt, wie gehst du damit um? Das der Unfall passiert ist, kannst du nicht mehr wegdenken und auch nicht wegleugnen. Jetzt geht es nur noch um die berühmte Überlebensstrategie. Die klare Frage, wie komme ich aus dieser Nummer unbeschadet raus? Wenn du die Kontrolle noch hast, das heißt bei vollem Bewusstsein bist, hast du Glück gehabt. Damit kannst du entscheiden oder Entscheidungen treffen. Wenn nicht, kannst du nur noch beten, dass du in gute Hände gerätst, die für dich das richtige in dem Moment machen.

Auch da ist der erste Schritt, es zu akzeptieren. Dann nach der besten Lösung zu schauen. Denn jegliche Form von lamentieren, jammern und klagen nützt nichts. Es ist passiert und wieso es passiert ist, da gehen die Meinungen stark auseinander. Ganzheitlich denkende Menschen sagen „Zur falschen Zeit am falschen Ort!" oder „Selbst verursacht als ganzheitliches Konstrukt!" Nun denn, ich für mich habe dabei eines herausgefunden, alles gibt immer einen Sinn. Man muss es nur verstehen, denn alles ist für irgendetwas gut. Oft schwer zu verstehen, wenn du da aber tiefer in die Materie einsteigst, erkennst du das zügig.

Krankheit

Krankheiten und Störungen gehen in die gleiche Richtung wie Unfall. Frage ist, wie kam es soweit? Hast du dazu beigetragen? Sage jetzt nicht, dass du nichts getan hast. Das höre ich häufig und bei näherem Betrachten stellt sich dann heraus, dass der Mensch nicht richtig und lebensgerecht unterwegs war. Er permanent seinem Körper geschadet hat. Nehmen wir als Beispiel die Pafferei, das weiß doch jeder, dass es für den Körper sehr kontraproduktiv ist. Dennoch wird geraucht, obwohl auf der Packung so schreckliche Dinge stehen, wie du könntest sterben und so weiter. Es interessiert die Menschen nicht, im Gegenteil sie bauen sich eine Pseudovariante auf von wegen „Mir wird schon nichts passieren. Ich kenne da jemanden, der ist schon 90 Jahre und raucht auch noch." Viele weitere Storys, buchstäblich um nichts verlegen.

Dabei kennen wir ja auch viele andere Menschen, bei denen es nicht ganz so glimpflich abgelaufen ist. So können wir viele weitere Situation heranziehen. Der Körper ist unendlich geduldig und lässt vieles mit sich geschehen. Nur irgendwann kommt der Moment, da geht nichts mehr. Da schnackelt es buchstäblich und dann ist das Geschrei riesig. Man steht völlig unvermögend vor der Situation und kommt damit nicht klar. Auch hier, annehmen, akzeptieren, dass es im Moment so ist, wie es ist und sofort nach Lösungen suchen. Da musst du dich dann schon auf den Weg machen, es gibt für alles Lösungen. Auch wenn dir manche Weißröcke das Gegenteil erzählen. Ich hole mir immer mehrere Meinungen herein und kann dann für mich die richtige Wahl treffen. Also gib das Zepter nicht aus der Hand und achte darauf, wie du es am besten für dich managen kannst. Dann baue ein Programm auf, was dir und deiner Gesundheit zugute kommt.

Stress

Kennst du das auch, Stress und immer und immer wieder Stress. Das ist nicht gut und clever, sich dem Stress hinzugeben. Wenn du das tust, schadest du dir im höchsten Maße, in alle Richtungen. Sollte man so durch die Welt gehen? Ganz bestimmt nicht, darum schenke es dir einfach. Du lebst viel ruhiger und zugleich besser. Überprüfe daher stets, wo dieser Stress herkommt. Denn Stress ist definitiv immer nur hausgemacht. Du bist der Einzige, der hier eine Änderung herbeiführen kann. Niemand anderes kann dir dabei helfen und je schneller du die Verantwortung für alles übernimmst, desto besser geht es dir. Gib auch niemals mehr anderen Menschen die Schuld, denn das ist ein großes Zeichen von unendlicher Schwäche. Genau das darfst du dir nie mehr geben, sei stark und zeige es auch nach außen.

Auch hier gibt es natürlich im Äußeren Situationen, die tun dir nicht gut. Da stellt sich sofort die Frage, wieso tust du es dir immer wieder an? Was hast du davon? Wichtig ist der Punkt hinzugehen und einiges zu eliminieren. Manches geht eben nicht so schnell und auf Knopfdruck, hier wieder akzeptieren und deine Einstellung oder sogar Einstellungen danach ausrichten, dass es dir wieder gut geht. Ich weiß, das ist ein höchst aktiver Prozess und du musst da wirklich dabei sein. Das schafft man nicht ein wenig nebenbei. Ein genau so großer Trugschluss ist die Meinung, einmal ausgerichtet, einmal gemacht reicht für alle ewigen Zeiten. Das ist ein großer und hausgemachter Blödsinn, dem du dich dahin gibst.

Liebe

Das Wort Liebe mit all seinen vielen Facetten. Kennst du dich aus mit der Liebe, weißt du, was Liebe ist und wie man damit umgeht? Liebe ist die größte Kraft auf Erden und man sollte auch sie in sein Leben lassen und leben. Hier fangen jedoch die Probleme bereits an. Ein Großteil der Menschen ist nicht imstande sich selbst zu lieben. Dabei ist das die erste und so wichtige Grundherausforderung. Wenn du dich nicht annehmen kannst, dich nicht liebst, kannst du alles andere gleich vergessen. Keine Chance hier eine Änderung herbei zu zaubern. So viele Menschen sind auf der Suche nach der großen Liebe und damit auch nach dem Glück. Dabei ist die Liebe in jedem Menschen selbst verankert.

Wenn du dich selbst voll und ganz liebst, ist es viel leichter. Damit bist du auch nicht mehr abhängig von der Liebe der Außenwelt. Natürlich ist es schön, wenn man von anderen Menschen geliebt wird. Sollte dies jedoch nicht der Fall sein, oder nicht in der gewünschten Intensivität, ist das auch nicht weiters tragisch. Denn du hast ja dich und damit das schönste und größte Geschenk, was du dir nur wünschen kannst. Solltest du dann auch mal empfinden, dass du enttäuscht wurdest, heißt das nichts anderes, als dass deine Täuschung endlich ein Ende hat. Und darüber solltest du wirklich sehr dankbar und unendlich glücklich sein.

Beruf

Mama Mia, wie viele Menschen unglücklich in ihrem Beruf sind. Das gibt es schon fast nicht mehr. Kennst du auch diese Leute, die nur so vor Unglücklichsein strotzen? Ja, du siehst sie fast in jedem Geschäft stehen. Menschen für die Arbeiten eine große Qual ist und es nur wegen der Kohle machen. Was ist denn das für eine komische Ausgangsbasis? Solltest du dich auch zu diesen Menschen zählen, liegt es an dir, endlich eine Veränderung einzuleiten, damit du deine Berufung findest. Das hat doch nichts mit Schicksal zu tun, oder wie die meisten behaupten, dass der Chef ein Depp ist. Kennst du auch solche Bankrottsprüche, ganz bestimmt? Alles sind Idioten außer du, dabei bist du der Allergrößte, denn du hast ja festgestellt, dass nur Idioten dort arbeiten. Was bist du in solch einem Falle? Der Größte von allen, denn etwas zu erkennen und nichts dagegen zu tun, da ist dir doch nicht mehr zu helfen.

Es geht nichts über die Berufung, das heißt, den Beruf zu haben, der einem hundertprozentig erfüllt. Du kannst aus deiner Berufung unendliche Kraft schöpfen, dies ist ein wundervoller Traum. Es liegt auch hier ausschließlich bei dir und der Frage, wie und was machst du daraus. So viele Menschen sagen, man muss doch froh sein, überhaupt eine Arbeit zu haben. Das ist per se richtig, es muss jedoch bitteschön die Richtige und Erfüllende sein. Wenn du das nicht hast, wirst du immer notleidend sein und es verfolgt dich ein ganzes Leben lang. Meinst du, das ist wirklich gut und clever, solch eine Vorgehens- und Denkweise?

Jetzt bist du mit deiner Schriftlichkeit dran

Es ist wieder mal soweit, dass du gefordert bist. Schön, immer wieder selbst in Aktion zu treten. Ich habe es dieses Wochenende erneut auf dem Seminar „Verschieberitis – Hast du auch diese schlimme Krankheit“ erleben dürfen. Wie sehr doch genau diese Schriftlichkeit den Menschen hilft, klar zu blicken und ihr Leben in den Griff zu bekommen. Nur was du schwarz auf weiß hast, kannst du auch analysieren und damit umgehen. Du kannst es jederzeit überprüfen und all die notwendigen Schritte einleiten, damit es zum Segen für alle wird. Denn nur immer alles aus dem Gefühl und dem Glauben heraus meistern zu wollen, ist ein Ding das niemand kann. Schreibe jetzt auf, was ist für dich Glück und was Unglück? Was führt dazu, wie stellt es sich für dich dar? Dann wieso ist das so, wie es ist, das ist wichtig, die Mechanismen und Abläufe zu verstehen. Wie oft tun wir Sachen, weil wir diese schon immer so getan haben. Ohne zu wissen wieso, und wenn wir uns dann damit befassen, gewinnen wir daraus wertvolle Erkenntnisse. Dann auch seit wann ist das so, eines ist ja klar, je länger manches anhält, desto schwieriger und komplexer ist zugleich das Thema.

Glück oder Unglück?	Wieso?	Seit wann?
1.) ____________	____________	______
2.) ____________	____________	______
3.) ____________	____________	______
4.) ____________	____________	______
5.) ____________	____________	______
6.) ____________	____________	______
7.) ____________	____________	______
8.) ____________	____________	______
9.) ____________	____________	______

10. ______________________ _________________ _________

Hast du dich gefunden, ist dir einiges klar geworden? Merkst du wie chaotisch du in manchen Teilen deines Lebens unterwegs bist? Bestimmt und wieso machst du es? Weil du es nicht anders kennst. Ist das nicht schlimm, ja, es ist sehr tragisch, dass du nicht bereit bist, out of the box zu denken, zu fühlen und zu handeln. Wer immer nur in the box bleibt, hat dadurch stets die gleichen Ergebnisse, dass diese dann nicht befriedigend sind, haben wir ja schon zur Genüge festgestellt. Auch darüber habe ich ein Buch geschrieben. Glück oder Unglück ist eine Familie, es ist sogar die gleiche Medaille. Frage ist nur, welche Seite du dir anschaust. Oder anders dargestellt, wendest du dich mit dem Gesicht der Sonne zu, wirst du angestrahlt. Wendest du dich von der Sonne ab, hast du Schatten. Die Sonne ist aber nach wie vor da.

Die grundsätzliche Frage ist, wie reagierst du darauf. Worauf und wohin legst du deinen Fokus, das ist cool und super. Ich liebe es, mir diese Freiheit täglich zu gönnen und natürlich auch in dem Bewusstsein zu sein. Viele sind der Meinung, es geht nicht anders. Das Leben ist so, wie es ist und da gibt es keine Alternative. Das ist ein großer Blödsinn und so darfst du nicht unterwegs sein. Du kannst sehr wohl das Glück formen, auch wenn es manchmal nicht danach aussieht. Es fängt wie alles im Leben zuerst im eigenen Geiste an. Deswegen auch die berühmte Frage

„Wessen Geistes Kind bist du?“

Was hast du in deinem Geiste und wie gehst du mit ihm um? Du kannst ihn anstacheln und zu Höchstleistungen animieren. Kannst ihn aber auch so lassen, wie er ist und du darfst sicher sein, dass er verkümmern wird. Wie heißt es treffend, innerhalb von gut vier Wochen, hat er sich bereits abgebaut. Darum ist auch permanentes Training für den Geist von ganz großer Wichtigkeit. Reduziere jetzt bitte deine zehn Punkte auf die für dich drei wichtigsten.

Glück oder Unglück?	Wieso?	Seit wann?
1.) ____________________	____________________	__________
2.) ____________________	____________________	__________
3.) ____________________	____________________	__________

Wieso passieren dir permanent die gleichen Dinge? Wieso bist du so, wie du bist? Hast du dir diese Frage schon mal gestellt? Vielleicht und womöglich gehörst du auch zu denen, die da zu keiner Lösung gekommen sind. Schlimm, nein nur tragisch, denn wenn du keine Lösung hast, hast du ein Problem. Löst du das Problem nicht, weißt du mit Sicherheit aus Erfahrung eines, dein Problem wird wachsen. Anstatt in die Lösung zu gehen, stecken viele lieber den Kopf in den Sand und dann hast du das Problem, dass es knirscht zwischen deinen Zähnchen. Also auch nicht die Lösung, so bleibt letztlich nur eines übrig, schaue den Tatsachen voll und ganz in die Augen. Damit bist du schon viel weiter, als die meisten Menschen jemals in ihrem Leben sein werden.

Beschäftige dich täglich mit dem spannenden Thema. Wo bist du, wie fühlt es sich an, wo musst du in die Veränderung gehen? Wo kann und wo soll die Reise hingehen? Es gibt wie immer viele Möglichkeiten, Frage ist nur, welche wählst du für dich aus? Welche bringt dir persönlich am meisten Erfolg und eine tiefe Befriedigung. Um das herauszufinden ist es erforderlich, dass du in die einzelnen Gedankengänge hineingehst. Du überprüfst, was könnte zu dir passen und was bringt dich dahin, wo du hin möchtest? Nämlich in ein absolutes und selbst bestimmtes Leben hinein. Wo du die Entscheidungen triffst, da wo es dir absolut gut geht und du wirklich im Glück landest. Reduziere es jetzt auf deinen stärksten Punkt.

Glück oder Unglück?	Wieso?	Seit wann?
1.) ______________________	__________________	__________

Erneut warst du fleißig und hast dich mit dem Thema intensiv auseinandergesetzt. Wie stark bist du doch mittlerweile geworden, ich kann dir dazu nur gratulieren. Du bist ein Macher und ein Genius. Du lebst immer stärker deine wundervolle Genialität und das ist wichtig. Denn wenn du sie nicht lebst, wer lebt sie sonst? Ich gehe davon aus, dass du jetzt weißt, dass du das Steuer in der Hand hast und damit auch entscheidest, wohin die Reise geht.

Dein Fazit: ____

Lasse dir endlich helfen

Wieso willst du alles selbst machen, das ist doch verrückt so unterwegs zu sein. Weil du gar nicht alles weißt und kannst. Das schaffst du auch in deinem gesamten Leben nicht mehr. Also ist es völlig witzlos so unterwegs zu sein, und permanent in der Hoffnung leben zu wollen, dass die Dinge schon noch so werden, wie man es vielleicht gerne hätte. Erschwerend kommt natürlich zum Tragen, dass viele Menschen noch nicht einmal genau wissen, was sie wollen? Hast du schon einmal deine Autonavigation eingestellt, ohne das Ziel zu kennen? Bestimmt nicht, weil du genau weißt, dass das nicht geht. Denn die Navigation wird dir immer wieder sagen „Bitte geben sie ihr Ziel ein!" Da du es nicht weißt, kannst du auch nichts eingeben und so bleibt es, wie es ist.

Zielfindung und -orientierung ist das Zauberwort

Nutze bitte die unendliche Kraft der Ziele. Aus ihnen heraus ergibt sich ein gigantisches Fluidum. Es bezirzt dich und gibt dir die nötige Kraft, Motivation dran zu bleiben und eine große Meisterleistung an den Tag zu legen. Denn wenn du diese Leistung nicht an den Tag legst, kannst du definitiv alles knicken. Folglich heißt es an erster Stelle, finde endlich deine Ziele. Dann richte deine gesamte Kraft auf sie und erfreue dich über das wundervolle Wachstum, welches du dadurch und damit erleben darfst. Wenn du dein Ziel hast, bist du schon fast die Hälfte des Weges gegangen. Dein Ziel kann aber niemals sein, an anderen Menschen rum zu basteln und ihnen beibringen zu wollen, wie das Leben zu funktionieren hat. Du hältst dich bitte raus und zeigst den Mitmenschen die Grenzen, nämlich deine auf.

Du machst doch sonst auch nie alles alleine

Im Grunde genommen wissen wir das ja schon alles und dennoch gehen wir trotz besseren Wissens in die beschwerliche Richtung. Wie verrückt ist doch der Mensch. Anstatt es sich schön und leicht zu gestalten, macht er genau das Gegenteil davon. Er ist immer in der Welt, wo alles zum Krampf wird, es für ihn fast kein Zurück gibt. Du hast doch für alles deine Spezialisten, bei Zahnweh ist es für dich logisch, dass du wohin gehst? Na klar, da gibt es nur eine Person, das ist der Zahnarzt. Wenn dein Auto ein Problem hat, gehst du in die Werkstatt. Etwas anderes kommt für dich überhaupt nicht infrage. Und so gehst du bei Erfolgsproblemen, wenn es in deinem Leben nicht richtig vorangeht, immer wieder vor den gleichen Problemen stehst, zum Spezialisten.

Hole dir einen Erfolgscoach und deine Welt verändert sich

Dazu ist es aber erforderlich, dass du dir den für dich Richtigen holst. Das muss jemand sein, der Ahnung von der Materie hat. Mehrere eigene Geschäfte sein Eigen nennt und nicht nur ein wenig Coaching. Er muss Bücher geschrieben haben, denn es ist eine Kunst sein Wissen zu Papier zu bringen. Vorträge, Seminare gehören genauso dazu und Mitarbeiter. Denn wie soll das funktionieren, selbst kein Team, aber anderen Menschen sagen wollen, wie es mit Mitarbeitern funktioniert. Solch eine Vorgehensweise ist bescheuert. Da man es aber nicht verhindern kann, dass jemand sich Coach nennt, frage ich dich ernsthaft, was kommt dabei heraus? Das wirst du spätestens dann feststellen dürfen, wenn du mit deinem Coach nicht vorankommst.

Hilfe holen ist keine Schande, es nicht zu tun jedoch sehr

Hast du das verstanden, du musst da sehr aufpassen. Erkenne es immer zügig, wenn du am Ende deines Lateins bist. Falsch verstandener Stolz führt dich rasend schnell ins Abseits. Du bist ja in der Regel schon geschwächt, wenn du mal einen ersten Gedanken daran verschwendest. Es ist seltsam, dass nur wenige Menschen im Vorfeld und so lange es ihnen gut geht, sich mit dem Thema befassen. Viele warten immer so lange, bis das Kind in den Brunnen gefallen ist. Dann ist das Geschrei in der Regel groß und die Kassen sind blank. Wie soll das nur funktionieren, wie kannst du noch aus solch einer Situation in die Veränderung kommen? Achte bitte unbedingt darauf, dass du schnell und flexibel bist.

Stehe bitte zu dir

Das kann ich jedem nur hundertprozentig ans Herz legen. Zu sich zu stehen ist in der Tat ein riesiger Schritt in eine wundervolle Zukunft. Es geht immer um die gleichen Geschichten. Erkenne dich selbst, ist das Thema und das Leben erkennt dich. Dadurch gelangst du ganz nah zu dir und kommst in deine Kraft hinein. Diese brauchst du, um ein selbst bestimmtes Leben zu führen. Denn wenn du nicht dein Leben in die Hände nimmst, werden dies sofort andere Menschen tun. Sie wittern förmlich die Chance und wollen diese unverzüglich für ihre Belange nutzen. Bevor du das richtig bemerkt hast, ist es bereits zu spät.

Wo brauchst du Hilfe

Das ist der nächste Punkt, den wir uns anschauen. Du brauchst in der Regel meist mehrfach Hilfe. Kannst aber unmöglich alles bewältigen. Das geht nur Stück für Stück, dafür brauchst du Zeit. Darum fange an, und am besten, indem du im Vorfeld alles aufschreibst. Dann kommt die Reduktion auf das Wesentliche und zum Schluss bleibt dein Hauptpunkt übrig. Wenn du dich mit diesem beschäftigst und den eliminierst, liegst du goldrichtig. Daraus entsteht häufig der berühmte Dominoeffekt. Du kennst bestimmt Dominosteine, ein Stein angetippt und alles läuft von selbst. Halte jetzt fest, was dir dazu einfällt. Für was brauchst du Hilfe, wieso ist das so und wann startest du mit dieser Hilfestellung.

Brauche Hilfe für?	**Wieso?**	**Ab wann?**
1.) ______________________	________________	________

2.) ______________________ ________________ ________

3.) ______________________ ________________ ________

4.) ______________________ ________________ ________

5.) ______________________ ________________ ________

6.) ______________________ ________________ ________

7.) ______________________ ________________ ________

8.) ______________________ ________________ ________

9.) ______________________ ________________ ________

10. ______________________ ________________ ________

Wie ist es für dich, wie fühlt es sich an? Ist doch wunderschön auf einen Schlag zu sehen, wo es überall klemmt. Nein, eigentlich ja nicht so ganz. Womöglich ist diese Situation sogar traurig. Sie ist aber nun einmal da und deswegen beschäftigen wir uns damit. Um dich möglichst zu bewegen, denn um das geht es. Wir Menschen müssen immer in Bewegung bleiben. Die Kraft kommt dabei stets aus der eigenen Mitte heraus. Ist das nicht wundervoll, ich liebe es und finde es super. Wir suchen so viel im Außen, dabei ist der Anstoß in uns selbst verankert. Der Mensch ist so genial angelegt, wenn er das nur öfters mal verstehen würde. Das ist die eine Geschichte, die Umsetzung daraus ist klar die Zweite. Wenn alles Hand in Hand geht und dabei noch zügig, dann passt es.

Was ich dabei häufig höre, dass man stark sein muss. Was ist denn das für ein Quatsch, wieso musst du stark sein? Oder der nächste dumme Spruch, dass man die Dinge mit sich selbst ausmachen muss. Das ist genauso bescheuert, nichts musst du aushalten, oder mit dir ausmachen. Wieso sich quälen, dafür bekommst du wahrlich keine Ehrenmedaille. Im Gegenteil, es quält dich unnötig und du kommst dafür früher in die Kiste. Lohnt sich das tatsächlich? Ich glaube nicht und darum schenke es dir bitte für immer. Wenn es klemmt, hole dir sofort Gewissheit und das kann nur über Hilfe von außen geschehen, du wirst dich sofort besser fühlen. Reduziere es jetzt bitte auf deine drei stärksten Punkte, wo du sofort Hilfe brauchst.

Brauche Hilfe für?	Wieso?	Ab wann?
1.) ____________________	____________________	__________
2.) ____________________	____________________	__________
3.) ____________________	____________________	__________

Wie ist es für dich, wie gehst du damit um? Weißt du, dass ich es liebe, mir permanent Gedanken über mein Leben zu machen. Immer wieder zu prüfen, wo ist was? Das ist solch eine wundervolle Aufgabe und ich tue es jeden Tag aufs Neue. Es gibt in unserem Leben kein, jetzt ist es gut und darum ist es von großer Entscheidung, dass du dich voll und ganz reinkniest. Nicht ein wenig rumbasteln, sondern echt etwas bewegen. Du weißt doch, wo der Erfolgreiche anfängt, genau da, wo der Erfolglose aufhört. Ist das nicht wundervoll und so kannst du für dich alleine entscheiden, zu welcher Gruppe Mensch du gehören magst. Reduziere es jetzt bitte auf deinen stärksten Punkt, wo du Hilfe brauchst.

Brauche Hilfe für?	Wieso?	Ab wann?
1.) ____________________	____________________	__________

Geschafft, geschafft und nochmals geschafft und jetzt nimmst du bitte sofort, bevor du weiterliest, den Telefonhörer zur Hand oder schreibst eine E-Mail, um dir Hilfe zu holen. Wieso jetzt sofort, aus einem einfachen Grund, wenn du es nicht tust, wird es wieder nichts. Das kennst du doch mit Sicherheit zur Genüge? Ist das Gefühl so erbauend, ich glaube nicht und darum schenke es dir.

Dein Fazit: ____

Wir haben es beide geschafft

Liebe Leser,

das ist solch ein unglaublich schöner Moment, immer wenn ich zum Schluss meiner Werke komme und die letzten Zeilen schreibe, bekomme ich noch Herzklopfen. Es ist jedes Mal für mich ein Wechselbad der Gefühle, eine riesige Freude „Mensch Ernst, du hast es geschafft, wieder ein Buch geschrieben. Du bist so großartig, ich bin sehr stolz auf dich!" Das war die eine Seite und die andere Seite der Medaille ist eine gewisse Wehmut, jetzt ist es zu Ende.

Wir sind zusammen gewachsen, das Buch, der Inhalt und bald auch du mit dazu. Wir haben über Stunden und Tage eine Gemeinschaft gebildet. Emotionen, Erinnerungen, Erlebnisse, schöne und weniger schöne sind da reingeflossen. Es war auch für mich während des Schreibens so manches Mal ein Gefühl des Achterbahnfahrens. Nun ist es aus und vorbei, das Werk kommt ins Layout und wird danach lektoriert. In wenigen Monaten wird es bei dir zu Hause sein. Unglaublich schön diese Vorstellung, was das Buch alles in dir auslösen wird. Wie du dich zusehends zum Positiven veränderst.

Du endlich dein selbst bestimmtes Leben führst, dir vor allem absolut treu bist. Diese Vorstellung verschafft mir Gänsehaut. Denn es ist mein größtes Herzensanliegen, für dich da zu sein und dir die Hand zu reichen. Dass wir gemeinsam den Weg gehen und du dich in deiner Grandezza findest. Das ist doch der entscheidende Faktor, denn es wird Zeit. Ja, höchste Zeit und es geht dir so unendlich gut, ein riesiges Glücksgefühl durchströmt dich von Kopf bis Fuß. Sich selbst zu finden ist die größte Herausforderung für uns Menschen. Du liest diese Zeilen und gehörst zu den rühmlichen Ausnahmen, die es tatsächlich ernst mit ihrem Leben meinen. Die nichts mehr dem Zufall überlassen, sondern sich aktiv leben. Denke immer daran, du bist das Größte, was du hast. Alles kann dir genommen werden, Menschen kommen und gehen und du bleibst bis zum Schluss mit dir zusammen. Niemand kann euch trennen, außer du lässt es zu.

Du hast alles in dir vereint, du bist wundervoll und großartig. Man hat dich mit allem ausgestattet, was du brauchst, um ein Meisterwerk auf Erden zu vollbringen. Weißt du, was mich auch sehr glücklich macht, ich weiß eines, wenn du das magst, werden sich unsere Wege kreuzen. Denn ich bin auf alle Fälle da und es wird auch für dieses Buch ein Seminar geben. Da freue ich mich jetzt schon riesig darauf. Du wirst mit mir zusammen und vielen anderen Teilnehmern tief in die Materie einsteigen. Wirst dich völlig neu erfahren, was sehr wichtig ist. Wir brauchen das, um uns immer wieder neu auszurichten. Denke bitte daran und vergesse es niemals mehr

„Das Leben ist absolute Fülle!"

Du bist ein Teil dieser Fülle, dieses Reichtums, dieser Großzügigkeit, dieser Unendlichkeit. Sage jeden Tag „Ja" zu deinem Leben und das Leben sagt postwendend „Ja" zu dir. Unterstützt dich überall, da wo es erforderlich ist. Du bist ein Teil des Ganzen und darum ist es so wichtig, dass du dich permanent wieder ins Leben rein gibst. Eine der wichtigsten Faktoren ist ganz klar, teilen, teilen und nochmals teilen. Lass auch andere Menschen an deiner Entwicklung teilhaben, es ist ein großer Bestandteil deines Erfolges.

So, nun gehe ich aber endgültig. Lasse dich ganz fest umarmen und drücken. Danke, danke, danke, dass du mich mit deinem Sein inspiriert hast.

Alles alles Liebe und Gute

dein Ernst

Meine und unsere Dienstleistungen

Da ich der Meinung bin, dass das Leben spannend und aufregend ist, habe ich mich nie mit einer einzigen Sache begnügt. Ich wollte immer wesentlich mehr tun und haben. Ein Mensch hat unendliche Fähigkeiten, darum gilt die Theorie von „Schuster bleib bei Deinen Leisten" schon lange nicht mehr. Vergessen Sie das, und man den erlernten Beruf beibehalten sollte, ist auch ein Ammenmärchen. Das Leben ist vielseitig und spannend, wenn wir etwas daraus machen. Deshalb freue ich mich sehr, Ihnen die verschiedensten Dienstleistungen vorzustellen. Gemeinsam mit meinem Team ist es unser Anliegen, Sie in Ihrer Weiterentwicklung zu unterstützen, Sie zu verwöhnen und dazu beizutragen, dass Sie ein wundervolles Leben auf Erden führen können.

Hier die Dienstleistungen nach alphabetischer Reihenfolge
Wählen Sie aus dem großen Leistungsspektrum und fragen Sie nach den Konditionen. Gerne sind wir für Sie da und beantworten Ihnen alle Fragen, denn glückliche und begeisterte Kunden sind unser Ziel.

- Bücher
- Einzelbehandlungen (Fitness/Wellness/Schönheit)
- Erfolgsproduzent und –coachings
- Events
- Hoteltesting
- Hörbücher
- Mystery X Tests
- Naturkosmetik-Produkte
- Privat-Jet
- Reisen

- Seminare
- Vorträge

Bücher schreiben

Sie erhalten von uns Bücher, zu den verschiedensten Themen, rund um das Leben. Ebenso bieten wir Ihnen das Ghostwriting an. Das heißt, wir schreiben mit Ihnen und für Sie Ihr Buch. Ganz wichtig für Unternehmer, denn ein eigenes Buch schafft eine wunderbare Reputation. Wenn Sie ein neues Produkt auf den Markt bringen, ist es ideal, wenn Sie das passende Buch dazu anbieten. Als Fachmann zeigen Sie durch ein eigenes Buch eine hohe soziale Kompetenz.

Unsere Kunden, die sich von der Masse der Mitbewerber abheben wollen und damit einen anderen Nimbus erhalten. **Ärzte,** die ihre spezielle Behandlung publizieren. **Hotels,** die über ihr Haus mit besonderen Eigenheiten berichten. **IT-Firmen,** die etwas Neues entwickelt haben, weitere Firmen, quer durch alle Branchen und natürlich Privatpersonen.

Wieso Ernst Crameri: Weil er zurzeit bereits 67 Bücher geschrieben hat und weitere folgen. Weil er weiß, wie es in der Branche abgeht, welche besonderen Kenntnisse erforderlich sind, ein Buch zu schreiben und zum Erfolg zu bringen.

Einzelbehandlungen (Fitness/Wellness/Schönheit)

Wir leben nur ein Mal und unseren Körper nennt man auch den Tempel, in dem die Seele und der Geist wohnt. Damit der Organismus lange auf einem hohen Level funktioniert, ist es dringlich, dass wir ihn pflegen, für ihn da sind. Bei uns erhalten Sie Behandlungen von Kopf bis Fuß. Von intensiver Massage, über fernöstliche Behandlungen und den verschiedensten Spezialanwendungen. Näheres auf der Webseite www.wellness-einzelbehandlungen.de.

Unsere Kunden sind Menschen, die mehr für sich tun wollen. Den Zeitgeist klar erkannt haben, wie wichtig es ist, dass man sich behandeln und pflegen lässt. Vom jungen Menschen, bis hin ins höchste Alter hinein. Männer wie Frauen, die sich verwöhnen lassen.

Wieso Ernst Crameri: Weil er aufgrund der 40-jährigen Erfahrung einen riesigen Fundus an Wissen und Können mitbringt. Durch die Hotelberatungen und -tests weiß er auch, wie es läuft. Ein qualifiziertes Team an Behandlern wartet auf Sie.

Erfolgsproduzent – und coachings

Als Erfolgreicher ist eines wichtig, das Erfolgswissen weiter zu vermitteln und anderen Menschen zu helfen, zum Erfolg zu gelangen. Das ist in jeder Hinsicht eine wundervolle Aufgabe. Es gibt verschiedene Arten von Coachings, einmal vor Ort in den Firmen, dann am Telefon. Es geht mit täglichen und wöchentlichen Coachings los. Wenn eine Veränderung stattfinden soll, ist es dringlich, dass man dranbleibt. Denn die alten Gewohnheiten lassen sich nicht über Nacht über Bord werfen. Es ist stets ein längerer Prozess, ein Reifeprozess, der da stattfindet.

Wer sind die Kunden, von kleinen Kindern bis hin ins höchste Alter. Es sind Menschen, welche die stärkende und beschleunigende Funktion des Coachings für ihre Entwicklung nutzen möchten oder Menschen, die grundlegendes in ihrem Leben verändern möchten. Für die es so, wie bisher nicht mehr weiter gehen kann. Wichtig dabei ist der klare, eiserne Wille zur Veränderung. Von Einzelpersonen aus allen Schichten und Berufszweigen, bis hin zu großen Firmen.

Wieso Ernst Crameri: Weil er weiß, wie man aus Menschen Spitzenleistungen rausholt, diese mit einem Lachen und dennoch der nötigen Ernsthaftigkeit zum Erfolg führt. Erfolg ist kein Zufall, sondern planbar.

Events

Wir organisieren große Events, für die verschiedensten Veranstalter. Dabei übernehmen wir die komplette Dienstleistung der Lokationssuche, bis hin zum Catering und kompletten Handling, damit die Veranstaltung reibungslos abläuft. Unsere Erfahrung beruht auf der Organisation von vielen eigenen, wie auch Kunden-Events in der gesamten Welt. Viele Firmen vertrauen uns und lassen für ihre besten Mitarbeiter Incentives ausrichten.

Wer sind unsere Kunden, Firmen und Seminarveranstalter, die das Handling einem Profi überlassen. Genauso wie Einzelpersonen, die ein außergewöhnliches Fest, wie zum Beispiel Hochzeit, Geburtstag oder sonstige Festivitäten ausrichten.

Wieso Ernst Crameri: Events zu organisieren erfordert einen riesigen logistischen Aufwand, es sind viele Parameter, die zusammen spielen, damit es reibungslos über die Bühne geht. Ein qualifiziertes Team steht Ihnen mit Ernst Crameri während der Veranstaltung vor Ort zur Verfügung und managt den gesamten Ablauf.

Hotel- und Schiffstesting

Es gibt viele Hotels und auch Schiffe, die leider manchmal noch nicht ihre Performance erreicht haben. Sehr oft stimmt die Hardware komplett, jedoch die Software passt nicht. Beim Team, angefangen von der Direktion bis hin in die einzelnen Abteilungen, da klemmt es oft.

Wer sind unsere Kunden, von kleinen Hotels und Schiffen, bis hin zu großen Hotelketten und Reedereien. Alle Dienstleister, die bereit sind, eine höhere Wertschätzung den Kunden, den Gästen gegenüber aufzubringen und das Gastdasein auch entsprechend zelebrieren.

Wieso Ernst Crameri: Weil er 80% seiner Zeit on the way ist und dies fast immer in Hotels. Das hat ihn dazu bewogen, das Buch „Servicewüste Hotels“ vollgepackt mit Tipps und Know-how.

Hörbücher

Hörbücher als wunderbares Instrument, für die Fort- und Weiterbildung. Ideal beim Autofahren, als sogenannte rollende Universität, um neues Wissen zu erlangen. Ebenso beim Sport und auch im Alltag einsetzbar.

Wer sind die Kunden, von der Einzelperson bis hin zu Firmen, die für ihre Mitarbeiter die Hörbücher bestellen und verschenken. Oder sogar als Pflichtprogramm für das eigene Team einsetzen. Nur wer permanent trainiert, hat Erfolg.

Wieso Ernst Crameri: Weil er mit seiner Sprache voller Begeisterung, die Leute motivieren kann. Die Sprache und Ausdrucksweise muss fesselnd sein und die Zuhörer begeistern. Es muss im Gegenüber etwas ausgelöst werden. Ein sich Wiederfinden, um in die Umsetzung zu gelangen. Umso hilfreicher, wenn es in einer Sprache geschieht, die den Menschen eigen ist, keine hochakademischen Worthülsen, sondern Kommunikation auf Augenhöhe.

Mystery X Tests

Als Kunde in Geschäfte gehen und einkaufen, den Service, die komplette Dienstleistung zu überprüfen, um nachher die positiven wie negativen Seiten mit der Geschäftsleitung und dem Team zu analysieren. Danach in die Veränderung zu gehen, durch Training vor Ort.

Wer sind die Kunden, jeder der ein Geschäft hat und auf Servicequalität und Kundenzufriedenheit großen Wert legt. Denn die heutige Konkurrenzsituation ist riesig, wenn ein Kunde nicht zufrieden ist, geht er gleich. Dies gilt es zu vermeiden, und für die Kunden stets die allerbeste Leistung zu bieten.
Wieso Ernst Crameri: Weil er die Zusammenhänge schnell erkennt und die Firmen wieder in den positiven Mehrwertbereich für die Kunden führt. Jede Firma hat sogenannte Leichen im Keller, aber

auch Goldadern. Erstere gilt es zu eliminieren und die Goldadern zu bergen, um Erfolg auf der ganzen Linie zu haben.

Naturkosmetik-Produkte

Herstellung und Vertrieb der eigenen Crameri-Naturkosmetik-Produktelinie, seit fast 30 Jahren. Kein riesiges Sortiment, sondern ein straffes und hochkarätiges, für jeden Hauttyp. Spannend auch als White-Labeling, die Produkte erhalten das Etikett des Kunden und sind somit seine eigene Produktlinie.

Wer sind die Kunden, der Endverbraucher, welcher jeden Monat die Produkte für den persönlichen Bedarf bezieht. Schönheitsfarmen, Kosmetikstudios, Friseure, Masseure, Physiotherapeuten, Farb- und Stilberaterinnen, Fußpfleger, Fachgeschäfte und Hotels beziehen die Produkte. Bei White-Labeling handelt es sich um Kunden.

Wieso Ernst Crameri: Weil die Crameri-Naturkosmetik GmbH seit 40 Jahren erfolgreich auf dem Markt ist, und Sie in ihr einen zuverlässigen Partner an Ihrer Seite haben. Von der Produktion bis hin zur Vermarktung.

Privat-Jet

Ein absoluter Traum, in den Privat-Jet einzusteigen und dies ohne lange Kontrollen und Warten. Die Maschine steht bereit, die Triebwerke angemacht, Sie fahren an und wenige Minuten später befindet sich der Jet bereits in der Luft. Schneller und bequemer geht es nicht.

Wer sind die Kunden, Einzelpersonen, die schnell von A nach B müssen. Skiflüge nach St Moritz, zum Autorennen nach Monte Carlo, nach Sylt und weitere spannende Flüge. Firmen, die ihre besten Kunden oder Mitarbeiter zu einem Incentive einladen. Auch Privatpersonen, die das Besondere lieben.

Wieso Ernst Crameri: Weil die Firma seit über 29 Jahren in diesem Metier vertreten ist. Ernst Crameri ist in der Regel stets persönlich dabei und betreut die Gäste vor Ort.

Reisen

In die gesamte Welt, am meisten Kreuzfahrten auf Flussschiffen und auf den Weltmeeren. Mit wunderbaren Rahmenprogrammen, wie besonderen Ausflügen, Vorträgen und Seminaren. Ebenso exklusive 5* Hotels, auf der ganzen Welt.

Wer sind die Kunden, Einzelpersonen, die gerne auf den Events dabei sind und Firmen, die Incentivereisen für ihr Team und ihre Kunden durchführen. Die besondere Belohnung für außergewöhnliche Menschen.

Wieso Ernst Crameri: Weil er die schönsten und besten Schiffe persönlich kennt. Bei den Reisen meistens selbst dabei ist, sodass der direkte Kontakt gegeben ist. Und wenn er nicht dabei ist, gibt es perfekte Betreuung durch sein qualifiziertes Team.

Seminare

Zum Thema Erfolg und alles, was damit zusammenhängt, ganzheitliche Rhetorik, Erfolgsdenken, Geldseminare, Ausbildungen zum Beauty&Wellness-Spezialisten, Social Media und vieles mehr.

Wer sind die Kunden, Einzelpersonen, die sich fort- und weiterbilden möchten. Firmen, die ihr Team zum Training und zur Ausbildung schicken.

Wieso Ernst Crameri: Durch Tausende von Schulungen und Seminaren, Top im Training und stets auf dem Laufenden. Ferner Mitglied bei der GSA, German Speakers Assoziation. Mit großer Leidenschaft und Begeisterung auf vielen Veranstaltungen dabei. Seminare von der Wiege bis zur Bahre, ist eine seiner Maximen.

Vorträge

Spannende und fesselnde Vorträge vor kleinem und großem Publikum. Vorträge zu den verschiedensten Themen rund um das Thema Erfolg, Durchhaltevermögen, Zielsetzung, Lebenswerke und zum kompletten Persönlichkeitsthema.

Wer sind die Kunden, Organisationen, die ihn engagieren, Verbände, Vereine und Firmen. All jene, die Idee, Gedanken, Innovationen zulassen und die Veränderung im heutigen Zeitalter bewirken möchten. Die den Weg schaffen wollen, in eine Welt des Erfolges. Ebenso offene Seminare, die von Ernst Crameri direkt durchgeführt werden.

Wieso Ernst Crameri: Durch die brillante Sprache und Ausdrucksweise, ein fesselnder Redner, welcher das Publikum begeistert. Sein Schweizer Akzent und Humor begeistert die Zuhörer im In- und Ausland. Vorträge in Rätoromanisch, Italienisch, Französisch, Hochdeutsch und Schweizer Deutsch. Gewinner des internationalen Speaker Slam Awards.

Bei Fragen wenden Sie sich bitte direkt an

Crameri-Naturkosmetik GmbH
Mannheimerstr. 11b
67098 Bad Dürkheim
Tel. 0049-6322-5734
Fax 0049-6322-66071
E-Mail: Sekretariat info@crameri.de
Geschäftsleitung: gn@crameri.de
Website: www.crameri.de

Ein Auszug aus unseren Werken

Ein Millionär als Traumpartner

ISBN: 978-3-86689-000-8
19,80 € (D)

Fange endlich an zu leben

ISBN: 978-3-86689-001-5
19,80 € (D)

Wahrheit und Klarheit im Kosmetik- und Wellness-Institut

ISBN: 978-3-86689-002-2
19,80 € (D)

Horror - Eingewachsene Zehennägel

ISBN: 978-3-86689-003-9
19,80 € (D)

Gib niemals auf, sei kein Verlierer

ISBN: 978-3-86689-008-4
19,80 € (D)

Bist Du ein Mörder?

ISBN: 978-3-86689-004-6
19,80 € (D)

Bist Du ein Huhn oder ein Adler

ISBN: 978-3-86689-018-3
19,80 € (D)

Der unendliche Schmerz der Verlassenen

ISBN: 978-3-86689-009-1
19,80 € (D)

Servicewüste Hotels

ISBN: 978-3-86689-010-7
29,80 € (D)

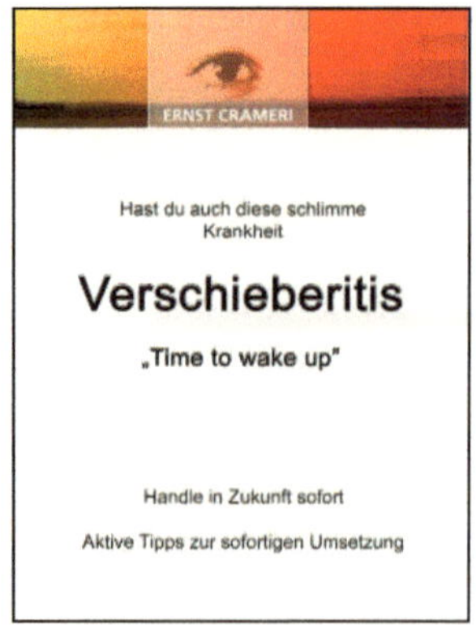

Hast Du auch diese schlimme Krankheit – Verschieberitis

ISBN: 978-3-86689-005-3
24,80 € (D)

Wieso hast Du so wenig Durchhaltevermögen

ISBN: 978-3-86689-006-0
19,80 € (D)

Höre endlich auf zu jammern

ISBN: 978-3-86689-022-0
19,80 € (D)

Sage endlich was Du willst, damit Du das bekommst, was Du willst

ISBN: 978-3-86689-014-5
19,80 € (D)

Sprich nie mehr negativ

ISBN: 978-3-86689-013-8
19,80 € (D)

Die 20 Erfolgsverhinderer

ISBN: 978-3-86689-021-3
24,80 € (D)

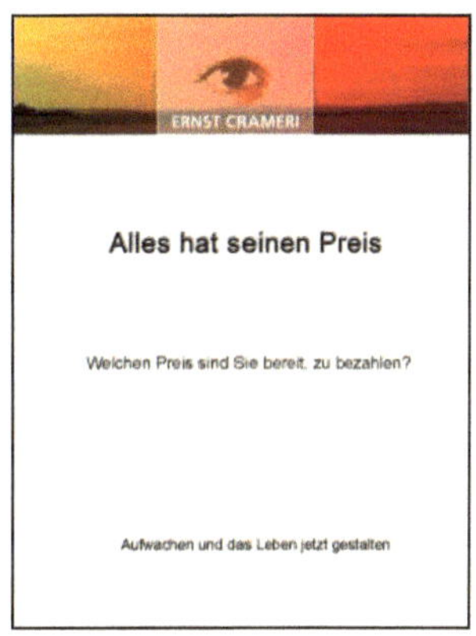

Alles hat seinen Preis

ISBN: 978-3-86689-0206
19,80 € (D)

**Lifelong learning
und Du wirst unschlagbar**

ISBN: 978-3-86689-015-2
19,80 € (D)

**Beschwerdemanagement
die Chance Fans zu gewinnen**

ISBN: 978-3-86689-025-1
19,80 € (D)

**Mit dem Erfolgsbuch
zum Erfolg**

ISBN: 978-3-86689-017-6
19,80 € (D)

**Hast Du Deine große
Lebensvision**

ISBN 978-3-86689-019-
19,80 € (D)

Ungeduld ist der Tod jedes Erfolges

ISBN: 978-3-86689-026-8

19,80 € (D)

Vita von Ernst Crameri

Ernst Crameri erblickte im Oktober 1959 in St. Moritz (Schweiz) das Licht der Welt. Er wuchs in einem einfachen Elternhaus auf. Als kleines Kind machte er meist das Gegenteil von dem, was von ihm erwartet wurde. Im Kindergarten und der Schule ging es oft rund. Als Heranwachsender machte er jeden Streich mit, und durfte dafür an freien Nachmittagen im Sommer Rasen mähen und im Winter zum Schneeschaufeln auf dem Schulhof antreten.

Sein Traum war, ein Leben im Reichtum. Prägend waren vier Schlüsselerlebnisse. Im Winter wollte er neue Skier und einen Skipass. Sein Vater konnte nicht beides kaufen. Da ging er mittags nach der Schule in ein Kohle/Holzlager. Dort schaufelte er Kohle und stapelte Holz. Dadurch konnte er sich mit 12 Jahren einiges leisten. Dieses Gefühl der Freiheit war für ihn gigantisch. Das zweite Erlebnis war in der Schule, wenn es galt einen 2 bis 3-seitigen Aufsatz zu verfassen. Er fand das super, und so wurden es meist Werke mit über 30 Seiten. Diese Aufsätze wurden vorgelesen und prämiert.

Sein Traum war Koch zu werden und so schickte ihn sein Vater nach Lenzerheide, zu einem Cousin, der einen Hotelbetrieb führte, in die Schnupperlehre. Gleich musste er als Koch einspringen und die Schikanen nahmen täglich zu. Als er das Zimmer mit weiteren Mitarbeitern teilen musste und sein erster Lohn aus dem Zimmer gestohlen wurde, ging es den Berg runter.

Sein Vater war begeistert, dass die Verwandtschaft aus Ernst einen lebensgerechten Menschen formt, ganz nach seinem Geschmack. Die Mutter war den Tränen nahe, als ihr Sohn die Lehre aufgab. Ernst griff zur äußersten Maßnahme und legte sich beim Unterricht mit dem Rektor an. Er flog im hohen Bogen von der Schule und damit war automatisch das Thema Kochausbildung beendet. Dies war das dritte Schlüsselerlebnis.

Danach begann er in St. Moritz in einem Sportgeschäft eine Lehre als Kaufmann. Der zweite Tag, kurz vor Feierabend brachte den Durchbruch. Da kam eine südamerikanische Familie ins Geschäft. (12 Personen) Das Oberhaupt sagte einen einprägsamen Satz „We need only the best" das kannte er bisher nicht. Nach gut einer Stunde war der Einkauf beendet und Ernst durfte an der Kasse eintippen, da stand die Zahl von CHF 128.000,00. Der Chef fragte ihn „Was schaust Du so?" Er zeigte auf die Kasse und da meinte der Inhaber „Daran wirst Du Dich gewöhnen!"

Das war für ihn eine neue Welt. Kurz darauf kam der Skilehrer, der die Familie gebracht hatte, ins Geschäft und bekam CHF 12.800,00 für die Vermittlung. In dem Moment war für Ernst klar, dass er den Weg gehen wird. Nach der Lehre verließ er das Sportgeschäft. Im Winter war es klar, den Weg als Skilehrer zu gehen. Die Überbrückung war das Thema, also was tun im Sommer und so arbeitete er eine Zeit lang als Hilfsarbeiter bei einer Dachdeckerei.

Es war nicht der Traumjob, er brauchte aber Geld und damit wieder Unabhängigkeit. Der Versuch als Tennislehrer oder Golflehrer tätig zu sein, war von kurzer Dauer. Er heuerte bei einer Baufirma an. Wenige Tage später stellte ihm jemand ein Bein, obwohl niemand in seiner Nähe war und er rutschte den Hang herunter. Notarzt, Intensivstation und Therapie. Er ging ins Heilbad zur Therapie. Dort freundete er sich mit einem der Therapeuten an und fand Gefallen an dieser Arbeit.

Er ließ sich zum Masseur und Therapeuten ausbilden. Sein Traum war, auch Kosmetiker zu sein. Das war zur damaligen Zeit ein Ding der Unmöglichkeit. Die Schulen wollten von einem Mann nichts wissen. Ergo sprach er mit einer Kosmetikerin und machte mit ihr ein

Geschäft, sie bekommt regelmäßig Massagen und bildet ihn dafür zum Kosmetiker aus. Ernst war immer sehr schnell lösungsorientiert. Im Winter war er als Skilehrer tätig. Morgens vor Skibeginn, fuhr er mit seiner tragbaren Massageliege von Villa zu Villa, von Hotel zu Hotel. Danach den Tag über Skiunterricht und abends wieder Massagen und Kosmetikbehandlungen.

Danach als Discjockey, bis frühmorgens. Kurz ins Bett und dann ging es wieder von vorne los. Im Sommer besuchte er seine Gäste im In- und Ausland. Abgeholt von Privatjets, auf Jachten, in Villen. Da verliebte er sich in die Tochter eines Industrieellen. Das fand der Vater nicht so gut. Einen Tag später musste er die Villa verlassen, das war ein herber Schlag in seinem vermeintlichen Erfolgsleben.

Dadurch verstand er, dass man nur reich ist, wenn man das Geld auch selbst in den Händen hält. Als Masseur, Kosmetiker, Skilehrer und Discjockey hatte er ein vierfaches Einkommen. Entsprach aber nie dem Einkommen seiner Gäste, die ihn als Skilehrer zum Beispiel zum Mittagessen einluden. Das kostete gleich mal CHF 600,00, und wenn er als Skilehrer essen ging, waren es gerade CHF 8,00! CHF 800,00 waren sein Monatslohn, das hat ihn sehr beschäftigt.

Für den Sommer hatte er für Australien einen Vertrag als Austauschskilehrer in der Tasche. In der letzten Woche lernte er eine Frau aus Deutschland kennen, die später seine Ehefrau wurde. Er hat es nicht übers Herz gebracht, wegzufliegen und stornierte den Vertrag. Er pendelte einige Jahre zwischen Deutschland und der Schweiz hin und her. Da er nicht als Angestellter arbeiten wollte, startete er mit der Selbstständigkeit als Masseur/Kosmetiker. Um überhaupt Fuß zu fassen, lief er von Haustüre zu Haustüre und klingelte. Ab und an ließ ihn jemand herein und so baute er sich einen kleinen Kundenstamm auf. Um sich stärker zu etablieren, engagierte er sich als Dozent an der Volkshochschule, beim Hausfrauenbund, bei Vereinen/Verbänden. Dadurch gelangte es ihm schnell, sich einen soliden Kundenstamm aufzubauen.

Später kam ein Haus der Schönheit hinzu, die ersten Schönheitsfarmen, eine eigene Naturkosmetik-Produktelinie. Permanente Fort- und Weiterbildungen im In- und Ausland. Er hat in der Schweiz die Chance erhalten, als Referent und Ausbilder für Gesundheitsberufe tätig zu sein. Das machte ihm viel Spaß vor Menschen zu stehen und sie zu lehren. Immer mehr Coachings kamen dazu, Trainings, Seminare und so baute er verschiedene Geschäftszweige auf. Sein größter Wunsch ist dank ganz viel Fleiß und Durchhaltevermögen in Erfüllung gegangen, für andere Menschen da zu sein und ihnen den Weg des Erfolges zu zeigen. Mit zurzeit über 67 Büchern, circa 200 Seminartagen und unzähligen Coachings ist er für die Menschen da. Sein großes Credo **„Es gibt ein Leben vor dem Tod!“**